복 있는 사람

오직 여호와의 율법을 즐거워하여 그 율법을 주야로 묵상하는 자로다.
저는 시냇가에 심은 나무가 시절을 좇아 과실을 맺으며 그 잎사귀가 마르지 아니함 같으니
그 행사가 다 형통하리로다.(시편 1:2-3)

마틴 로이드 존스

능력

D. Martyn Lloyd-Jones

The Plight of Man and the Power of God

능력

마틴 로이드 존스

김종호 옮김

복 있는 사람

마틴 로이드 존스
능력

2008년 12월 9일 초판 1쇄 발행
2014년 11월 14일 2판 1쇄 발행
2021년 6월 7일 2판 4쇄 발행

지은이 마틴 로이드 존스
옮긴이 김종호
펴낸이 박종현

(주) 복 있는 사람
주소 서울특별시 마포구 연남동 246-21(성미산로23길 26-6)
전화 02-723-7183(편집), 7734(영업·마케팅)
팩스 02-723-7184
이메일 hismessage@naver.com
등록 1998년 1월 19일 제1-2280호

ISBN 978-89-6360-142-7 03230

이 도서의 국립중앙도서관 출판예정도서목록(CIP)은
서지정보유통지원시스템 홈페이지(http://seoji.nl.go.kr)와 국가자료공동목록시스템(http://www.nl.go.
kr/kolisnet)에서 이용하실 수 있습니다. (CIP제어번호 : CIP2014031526)

The Plight of Man and the Power of God
by D. Martyn Lloyd-Jones

차례

2판
서문

2년 반 동안 많은 요청들이 있어 2판을 인쇄하게 되었습니다. 이 책을 다시 살핀 후에 저는 초판 그대로 재인쇄하는 것이 가장 좋겠다는 결론을 내렸습니다. 비록 이 강의들은 제2차 세계대전 중에 에든버러에서 했던 것이고, 전쟁과 당시의 상황에 대한 언급들이 여러 번 등장하지만, 여기서 다루는 주제는 좁은 의미의 주제설교가 아니기 때문입니다.

이 책이 다루었던 주제는 인류가 직면한 영속적인 문제들입니다. 이 문제들을 생각해 보는 것은 당시나 지금이나 시의적절한 것입니다. 이 책은 제게 깊은 만족과 큰 기쁨을 주었습니다. 이 책 덕분에 많은 사람들이 기독교 신앙을 이해하게 되었고, 또 어떤 사람들의 신앙은 성숙하고 견고해질 수 있었기 때문입니다.

저는 이 책이 계속해서 하나님의 영광을 위해 더 널리 활용되어 이런 역할을 지속적으로 감당하기를 바랄 뿐입니다.

1945년 9월
D. M. 로이드 존스

서문

이 책의 첫 네 장은 1941년 3월 둘째 주 동안 에든버러의 자유 교회 대학Free Church College 당국의 초청을 받아 대학 강당에서 강의했던 내용입니다. 그때 마지막 강의를 할 때, 꼭 필요하다고 느꼈던 강의 하나를 "상황이 허락지 않아 못하게 되었다"고 말씀드렸습니다. 그 내용이 이 책의 제5장이 되었습니다. 각 장은 순수한 설교의 형태로 웨스트민스터 채플에서 전했던 내용이기도 합니다.

　이 책의 목적은 첫 장에 명확하게 설명되어 있습니다. 카시우스(주전 42년 사망한 로마의 장군으로 시저 암살을 시도했다—옮긴이)Cassius는 유명한 말로 이 주제를 다음과 같이 표현했습니다.

　친애하는 브루투스여, 잘못은 저 하늘에 있지 않다오.
　도리어, 우리 아랫것들에게 있소.

　우리가 원치 않고 우리 자존심이 아무리 상하더라도, 이 진리를 깨닫고 고백하지 않는다면 교회 안에서 참된 각성이 일어날 소망은 없습니다. 그동안 많이 외쳐 온 '신세계 질서'의 도래를 확신하며 기대하는 것은 훨씬 더 어렵습니다.

도널드 맥클린 교수는 마지막 강의를 마무리하면서 이 강좌 시리즈를 "전문용어를 사용하지 않은 성경신학적 강해"라고 너그럽게 평해 주었습니다. 저는 그 평이 만족스럽습니다. 이 강의의 기초가 된 이 위대하고 두려운 말씀을 설교하려는 제 시도가, 안타깝게도 간과되고 있는 성경신학적 강해를 되살리는 데 작은 도구로 사용되기를 바랍니다.

이 책을 출판할 준비를 하며 저는 존 녹스^{John Knox}의 위대한 도시에서 한 주간의 풍성한 교제를 누렸던 특권이 떠올라 행복했습니다.

D. M. 로이드 존스

1.

인류의
종교 역사

롬 1:21

하나님을 알되
하나님을 영화롭게도 아니하며 감사하지도 아니하고
오히려 그 생각이 허망하여지며 미련한 마음이 어두워졌나니.

우리가 잘 아는 격언 중에 "친절해지려면 때로는 잔인해져야 한다"는 말이 있습니다. 이 격언은 아이들을 훈육하거나 환자를 대할 때 적용되기도 합니다. 아이나 환자에게 최선의 유익을 주려면 일시적으로 고통을 겪도록 해야 할 때가 있습니다. 부모나 의사에게 이것은 어려운 일입니다. 그들은 고통을 주기 싫어서 움츠러들기도 하고 끝까지 회피하려고 합니다. 그러나 상대방에 대해 진심으로 관심을 가지고 있다면 때로는 잔인해져야 합니다.

이 격언은 하나의 원리입니다. 지금과 같은 위기와 혼란의 시기에 하나님의 교회가 제 역할을 다하려면 이 원리를 반드시 실천해야 합니다. 그런데 교회와 성도들 모두가 이 역할을 감당하지 않고 뒷짐만 지고 있습니다. 사실 고통을 주고 불편한 반응을 일으키는 것보다는 달래고 위로하는 것이 언제나 더 즐거운 일입니다. 그러나 지금은 세상의 현재 상황을 근본적으로 다루고 점검해야 할 때입니다.

가장 치명적인 것은, 현재의 상황 때문에 불행해진 사람들을 달래고 위로하는 것이 교회의 핵심적인 사역the one business이라는 인상이 확산되는 것입니다. 사실 우리 모두는 오직 복음만이 줄 수 있는 놀랍고도 경이로운 위로에 대해 하나님께 감사해야 합니다. 그래서 제가 이 일을 '핵심적인 사역'이라고 말씀드린 것입니다. 하지만 위로하는 것이 교회의 유일한 기능이라는 인상을 주어서는 안 됩니다. 그러면 교회는 주로 사람들에게 '약물'을 투여한다는 세상의 비판을 부분적으로 정당화하는 셈이 됩니다. 사실 전쟁으로 인한 충격 때문에 우리에게는 안정과 위로가 필요합니다. 그러나 교회가 이 일에만 매달린다면, 기독교는 매우 연약하고 생명력 없는 것이라는 인상을 줄 것입니다. 물론 교회는 달래고 위로하는 사역을 해야 합니다. 하지만 지난 제1차 세계대전 중에 그랬듯이 교회가 계속 이 일에만 모든 에너지를 쏟아 붓는다면, 교회는 질적으로 저하될 것입니다. 교회가 사람들의 삶 속에서 차지하는 비중은 더욱 작아질 것입니다.

현재 국가적인 노력을 북돋고 지원하기 위해 대중을 향한 그럴듯한 구호들이 쏟아지고 있습니다. 세상의 지도자들은 각종 연설과 선언을 하고 있습니다. 그런데 교회가 이런 말들에 맞장구나 치면서 그들의 말에 영적인 색채만 덧붙이고 만다면, 일시적으로는 박수갈채와 인기를 얻고 권력의 총애를 받게 될지는 모릅니다. 하지만 결국, 분별력 있는 사람들의 신뢰를 잃고 말 것입니다.

교회가 위로하는 일에만 머물거나 정치적 구호에 영합한다면, 교회는 비판을 자초할 것입니다. 이는 질병을 적극적이고 능동적으로 치료하기보다 단지 증상만 완화시키는 것과 같습니다. 교회는 어려움을 피해 갈 궁리만 하고 있습니다. 비유를 들면, 솔로 연주를 하기보다는 반주자가 되려고 합니다. 교회는 세상에 도전하기보다 선언문에 반응만 보이고 있습니다. 교회는 세상에 겁먹고 당황한 것 같은 인상을 주고 있습니다. 특별히 우리 복음주의자들에게 드리고 싶은 말씀이 있습니다. 지금 우리가 마치 태평성대를 사는 것처럼 신앙생활을 하고 예배를 드려서는 안 된다는 것입니다. 우리가 선호하는 예배 형식이 있습니다. 이 형식은 참으로 좋은 것입니다. 우리에게 익숙한 형식대로 신앙을 지키고 누리는 것은 얼마나 즐거운 일입니까? 그냥 앉아서 듣기만 해도 되니 얼마나 즐거운 일입니까? 지성과 감성, 예술성까지 충족시켜 주는 접대를 받는 셈입니다. 오, 슬프게도 교회의 이런 모습은 우리가 사는 이 세상과는 완전히 동떨어져 있습니다. 우리의 배경과 삶에 대해, 우리가 쓰는 용어나 전제들에 대해 완전히 무지한 사람들의 눈에는 이런 모습의 종교는 아주 낯선 것입니다. 지금 세상은, 만물의 기초라고 철저히 신뢰받던 모든 것이 흔들리며 무너지는 고통을 겪고 있습니다. 이런 세상에서 세상과 동떨어진 종교는 남의 이야기 같습니다. 자기만족적이고 이질적인 종교처럼 여겨집니다.

우리가 깨닫고 기억해야 할 것이 있습니다. 복음은 초월적이고 불변하는 것이지만, 그럼에도 항상 현세적[contemporary]이라는 사실입니다. 우리는 현 상황을 직면해야 합니다. 이 세상을 향해 어느 누구도 하지 않는 말을 해야 합니다.

우리가 세상을 직시해야 할 이유는 많습니다. 먼저는 이 세상의 필요와 고뇌, 아픔, 병리현상 때문입니다. 또한 그렇게 하는 것이 우리의 의무이기도 합니다. 이는 교회에 주어진 본래의 사명입니다. 사도 바울은 로마서 1:14에서 자기 자신을 "빚진 자"로 표현했습니다. 교회 역시 "빚진 자"입니다. 어떤 이들은 말합니다. 교회가 현재의 위기를 극복하지 못할 뿐 아니라 교회의 존재 자체가 위기에 처했다는 것을 깨닫지 못한다면, 교회가 이 세상의 많은 문제로 인해 사라질 것이라고 말입니다. 저는 그 명제에 절대로 동의하지 않습니다. 교회는 하나님의 교회입니다. 교회가 그 사명을 다할 때까지 하나님께서 교회를 지켜 주실 것입니다. 교회는 사라지지 않습니다. 그런데 우리가 잘못하면 성도의 수가 줄 것입니다. 과거 수백 년간 볼 수 없었던 정도로 교회의 영향력이 약화될 것입니다. 무엇보다도 우리는 존재 목적을 배반한 사람들이 되고 말 것입니다.

우리는 현 상황을 직시해야 합니다. 그런데 현 상황을 어떻게 다루느냐가 중요합니다. 그래서 제가 "친절해지려면 때로는 잔인해져야 한다"고 말씀드린 것입니다. 누군가에게 도움을 주고 구원의 메시지를 전하고자 한다면, 우리는 그의 상처를 확인하고 문제를 드러내야만 합니다. 고통을 유발하거나 심지어 기분을 상하게 해서라도 이 일을 해야 합니다. 이렇게 문제를 직면할 때 우리는 새로운 일들을 겪게 됩니다. 세상을 달래거나 종교생활을 즐기느라 세상과 담을 쌓고 지낼 때는 겪지 않던 일들을 겪게 됩니다. 우리의 인기는 떨어지고 세상은 우리를 달갑게 여기지 않을 것입니다. 대부분의 교회가 제1차 세계대전 중에 발생한 일들에 적극적이고 현실적으로 대응하지 못했습니다. 저는 이 실패가 교회사에서 가장 안타까운 한 단면이라고 생각합니다.

어떤 대가를 치르더라도 이 전쟁은 반복되어서는 안 됩니다. 사람들은 지난 전쟁을 인생이라는 드라마의 막간 공연 정도로 여겼습니다. 이 전쟁이 드라마의 핵심적이고 필연적인 일부인 줄 깨닫지 못했습니다. 그래서 전쟁이 끝나기만을 기다렸습니다. 1914년 8월에 전쟁이 끝나면서, 그때부터 새 출발을 할 수 있으리라 생각했습니다. 본질적 문제는 직면하지 않은 채 말입니다. 하지만 지난 20년의 역사와 현재의 상황을 보며, 우리는 문제를 분명히 직시해야 합니다. 전쟁이 빨리 끝나서 일상의 활동이 재개되기만을 기다리며 살아서는 안 됩니다. 우리는 반드시 과거 어느 때보다 더 적극적으로 행동하고 생각해야 합니다.

세상이 왜 이 지경이 되었을까요? 이것이 바로 가장 중요한 질문입니다. 그런데 이 질문은 지난 100년 동안 가장 인기 있던 인생관의 맥락에서 이해해야 합니다. 오늘날의 현실만 보아도 보통 이는 심각한 문제가 아닙니다. 이 어두운 현실과 밝고 긍정적인 인생관을 비교해 보면 문제는 더욱 명확해집니다. 사람들은 제1차 세계대전을 인간의 진보가 이상하고 불가사의하게도 중단된 것이라고 여겼습니다. 그런데 보십시오. 전쟁이 끝나도 중단된 상태는 계속되고 있습니다! 이 문제의 원인은 어디에 있습니까?

이쯤 되면 기존의 인생관 전체가 완전히 잘못되었다는 것이 명백해지지 않습니까? 그런데 정말 명백해진 것일까요? 이른바 그리스도인이라고 하는 이들에게도 명백해졌습니까? 우리 가운데 많은 사람들도 세상의 필연적인 진보를 오랫동안 기뻐하고 있지 않습니까? 교인 수가 줄고, 교회 출석이 줄어들고, 전체적인 삶의 질은 저하되었음에도 세상이 더 나아지고 있다고 느끼지 않습니까? 세상은 천천히 그러나 분명히 현재 상태에 이르렀습니다. 그런데도 대다수의 사람들은 경보를 울리기보다 인간의 놀라운 성취와 새 시대의 도래를 즐거워하고 있습니다.

이런 인생관에 대해 드릴 말씀은 한 가지뿐입니다. 이 인생관은 철저히 근원부터 잘못되었다는 것입니다.

이 인생관의 오류를 드러내고 진리를 밝히기 위해 로마서 1장 후반부를 살펴보겠습니다. 이 단락은 오늘날의 세상과 문제의 원인을 성경의 어떤 부분보다 더 정확히 묘사하고 있습니다. 현대의 어떤 저술도 현재의 실상을 이처럼 완벽하게 묘사하지 못했습니다. 참으로 두려운 말씀입니다. 멜란히톤Philip Melanchton은 18절을 "번개처럼 섬뜩한 서론"이라고 묘사했습니다. 여기에는 번개의 놀라게 하는 특성과 밝히 드러내는 힘이 모두 담겨 있습니다. 저는 여러분과 함께 이 말씀을 살펴보기 원합니다. 이 말씀이 인류를 오랫동안 기만해 온 잘못된 인생관의 오류를 드러내기 때문입니다.

가장 먼저 주목해야 할 문제는 우리의 인간관, 특히 인간과 하나님의 관계입니다.

이것이 얼마나 근본적인 문제인지는 따로 언급할 필요가 없습니다. 인간관은 우리가 인간과 인간의 문제에 접근하는 방식을 결정하는 기초가 되기 때문입니다. 성경의 관점과 과거에 유행했던 관점이 극명한 대조를 이루는 부분도 바로 인간관입니다. 19세기 후반은 엄청난 지식의 축적과 과학적 연구가 이루어진 세기로 언제까지나 기억될 것입니다. 우리는 이런 노력의 결과로 발생한 온갖 변화들을 다 인식하지도 못할 정도입니다. 그러나 이 모든 변화로 인해 가장 많이 변한 것은 우리의 인간관입니다. 여기서는 새롭게 유행하는 인간의 기원과 발달에 대한 이론(진화론)을 다룰 시간이 없습니다. 대신 인간과 하나님의 관계에 대한 새로운 관점을 살펴볼 것입니다. 동시에 인간과 하나님의 관계에도 인간의 성장과 발달 이론과 똑같은 일반적 법칙이 지배하고 있다는 사실을 살펴볼 것입니다. 그 법칙이 지금까지 통용되어 온 인생관과 인간관의 바탕에 흐르고 있었습니다. 이런 경향은 종교의 영역에서는 이른바 비교종교학이라는 새로운 학문의 탄생을 가져왔습니다. 이 학문은 지난 세기 식민지운동과 다양한 선교회 사역을 통해 발견한 사실에서 시작되었습니다. 사람들은 가는 곳마다 이런저런 형태의 종교를 가진 원주민과 원시인들을 만나게 되었습니다. 사람들은 점차 이 종교들에 주목하기 시작했습니다. 한 종교와 그것을 가진 민족 사이의 관계에서 발견되는 특정 유형에 각별한 관심을 두게 되었습니다. 마침내 이런 사실들을 바탕으로 한 이론이 제시되고, 그 결과 인류 역사에서 종교가 진화하고 발전해 왔다는 주장이 제기되었습니다. 가장 원시적인 형태로부터 가장 발달된 형태에 이르기까지, 종교의 단계와 수준이 명확히 구분되었습니다. 이 자리에서 세부적인 것까지 살펴볼 수는 없지만, 이 학파에 속한 사람들은 이렇게 주장합니다. 가장 원시적인 형태의 인간은 정령 숭배를 합니다. 나무나 바위, 기타 물체에 영이 깃들어 있다고 막연히 믿는 것입니다. 다음 단계로는 일종의 마법이나 조상 숭배, 토테미즘, 귀신 숭배, 물신(物神) 숭배 등이 있습니다. 그다음 단계는 다신교—예수님 시대에 그리스나 로마에서 발견되던 상태—가 있고, 거기서부터 유일한 하나님을 믿는 유일신교가 등장하는 단계까지 이어진다고 주장합니다. 이 이론에 따르면, 인간은 하나님을 찾고 그분께 가까이 가려고 하는 본성을 가지고 있습니다. 가장 원시적이고 무지한 형태의 인간에게도 하나님을 찾는 본성이 존재한다고 합니다. 인간이 성숙하고 발전하고 진보할수록 하나님을 찾는 사고는 더욱 정화되고 고상해집니다. 결국 거룩하고 정의로운 하나님을 믿었던 유대인의 신앙에까지 이르게 됩니다. 비교종교학자들은 자신들의 연구와 이론이 구약에서 발견되는 사실에 의해 증명된다고 주장합니다. 그들은 구약에서 하나님에 대한 이스라엘 백성의 생각이 점진적으로 발전되어 간다고 봅니다. 이 이론의 핵심은, 인간은 언제나 본질적으로 하나님을 아는 지식과 그분과의 사귐을 찾고 갈망한다는 것입니다. 이 이론에 따르면, 그리스도는 인간이며 하나님과의 사귐을 향한 추구를 최고의 경지로 끌어올린 분입니다. 물론 어떤 이들은 이 이론이 하나님이 존재하지 않음을 증명할 뿐이라고 합니다. 하나님은 존재하지 않지만 삶에 대한 공포감 때문에 신화가 탄생했다는 것입니다. 그러나 이 같은 이론은 신화를 지적으로 포장하고 점차 세련되게 개선하려는 시도일 뿐입니다.

인간의 종교적 성향이 발전해 왔다는 비교종교학 이론은 강력한 영향력을 지닌 관점입니다. 그렇다면 이 이론에 대한 우리의 입장은 무엇입니까? 로마서 1장을 살펴보면 이 이론이 얼마나 빗나간 것인지를 알 수 있습니다. 다음의 표제를 따라 이 문제를 정리해 보겠습니다.

첫째, **비교종교학 이론은 성경의 역사에 비추어 볼 때 틀렸습니다.** 사도 바울은 본문에서 이 이론은 사실과 정반대라고 지적합니다. 그는 온 세상이 하나님 앞에 범죄했음을 밝힙니다. 이 사실을 설명하기 위해 태초에 하나님이 인간을 만드시고 인간에게 자신을 계시하셨음을 보여줍니다. 하나님께서는 자연과 피조물을 통해 그분의 영원한 능력과 신성을 계시하셨습니다. 뿐만 아니라, 인간 안에 인간을 하나님께로 이끌어 주는 하나님에 대한 지식과 단서와 감각을 두셨습니다. 사도 바울은 인간이 하나님을 아는 지식으로 출발했지만, 인간이 고의적으로 이 지식을 억누른 결과, 현재는 이 지식을 상실했다고 말합니다. 바울에 따르면, 하나님과 관련된 인간의 이야기는 점진적 진보와 발전과 상승이 아니라 오히려 퇴보와 타락과 후퇴입니다.

누구나 구약을 제대로 읽어 본다면 바울의 주장이 사실임을 알게 될 것입니다. 인간은 하나님과 교제하며 행복한 상태로 출발했습니다. 그런데 자기 자신의 행동과 죄로 인해 그 교제가 깨지고 문제가 시작되었습니다. 한동안 인간은 계속해서 하나님을 알고 인정하며 살았습니다. 하지만 구약의 이야기를 읽다 보면 인간이 그러한 삶에서 점차 멀어지는 것을 볼 수 있습니다. 하나님을 아는 지식이 줄어들면서, 인간의 생명력도 약화되었습니다. 심지어 아브라함도 우상을 숭배하는 환경에서 자랐음을 기억해야 합니다. 셈이라는 특별한 계보마저도 타락했고, 하나님을 아는 특별한 지식에서 멀어졌습니다. 그러나 이때 하나님은 아브라함을 붙드시고, 그에게 특별한 계시를 주셨습니다. 이것이 이삭과 야곱과 이스라엘 백성에게 전수되었습니다. 그들에게 어떤 일이 일어났습니까? 그들의 이야기를 읽어 보면, 다른 민족과 똑같은 경향이 그들에게도 있었음을 발견하게 됩니다. 이스라엘 백성들은 자신들의 특별한 지위와 지식을 선용하거나 그 신비를 더 깊이 알아 가려고 하지 않았습니다. 오히려 우상 숭배나 다신교 또는 더 저급한 형태의 종교행위로 돌아가 버리곤 했습니다. 구약의 이야기 전체를 한마디로 요약하면, 완악한 백성들이 더 저급한 형태의 종교로 전락해 하나님을 아는 지식을 잃지 않도록 하나님께서 그분의 종들을 통해 싸우시는 이야기라고 할 수 있습니다. 발전이 아니라 확실한 퇴보입니다. 만일 하나님께서 자신을 새롭고 분명하고 특별한 방법으로 지속적으로 계시하고 나타내셨음에도 이 특별한 백성이 이러했다면, 나머지 다른 민족들이 하나님에 대한 충만한 지식을 꾸준히 찾고 갈망했으리라고 주장하는 것은 터무니 없는 말입니다. 이스라엘이 유일하신 하나님에 대한 믿음을 얻게 된 것은, 그들이 추구하고 노력했기 때문이 아닙니다. 하나님께서 자신을 그들에게 특별한 방법으로 계시하셨기 때문입니다. 그럼에도 그들은 하나님을 찾지 않았습니다. 그들은 언제나 하나님을 떠나 방황했습니다. 하나님은 그들을 추적하셨고, 방황하는 그들을 인도하셨습니다. 그러므로 성경의 역사가 아주 명확하게 제시하는 바가 있습니다. 인류 전체가 하나님을 아는 지식과 그 지식에 따르는 생명으로 출발했지만, 그 지식으로부터 멀어졌다는 것입니다. 인간에게는 타락하려는 경향이 있으며, 하나님을 아는 지식에서 인간은 점점 더 멀어지고 있다는 것입니다. 인간은 정령 숭배나 물신 숭배 등에서 유일신교로 발전해 간 것이 아닙니다. 오히려 인간은 반대 방향으로 퇴보해 간 것입니다.

둘째, **비교종교학 이론은 성경 이후의 인간의 역사에 비추어 볼 때 틀렸습니다.** 교회사는 이상하리만큼 주기적인 특징을 가지고 있습니다. 어떤 의미에서 교회사는 발전기와 퇴보기, 영적 부흥과 영적 무관심의 지속적인 반복의 역사라 할 수 있습니다. 멀리 갈 필요도 없습니다. 우리나라의 교회사만 보아도 이러한 특징이 명확히 드러납니다. 진보와 발전의 이론이 맞다면, 부흥 이후에 필연적으로 발전이 뒤따라야 합니다. 인간은 놀라운 축복의 시기를 사모하며 더욱 힘을 모아 노력하고 발전을 이루어 가야 합니다. 그런데 그런 일은 일어나지 않았습니다. 개신교 종교개혁의 열정은 얼마 안 되어 사라지고 퇴색해 버렸습니다. 다음으로 청교도 시기가 도래했습니다. 사람들이 정말 경건하고 하나님을 경외하는 역사의 황금기를 맞게 됩니다. 그런데 이것도 왕정복고 시대에 밀려나고 온갖 죄악과 수치스런 일들이 이어졌습니다. 가령 누가 『웨슬리 이전과 이후의 영국』*England Before and After Wesley*이라는 책에 묘사된 18세기 초반의 영국이 청교도 시대의 영국과 동일한 나라라고 믿을 수 있겠습니까? 그 후로도 이런 일은 반복되고 있습니다. 이 나라 전체를 볼 때 이것은 사실입니다. 뿐만 아니라 특정 지방, 특정 교회, 특정 가족이나 심지어 특정인을 볼 때도 이런 일은 사실로 나타납니다. 지난 20년에 걸쳐 형성되어 온 이 나라의 현재 모습을, 빅토리아 시대 중반의 영국과 비교해 보십시오.

셋째, **비교종교학 이론은 그 자체의 증거들을 볼 때도 틀렸습니다.** 누군가 이런 질문을 합니다. "하지만 앞서 말씀하신 비교종교학의 증거들은 어떻게 이해해야 합니까?" 우리는 기꺼이 이 질문에 대한 답을 찾고자 합니다. 다른 영역과 마찬가지로, 비교종교학에 대한 연구를 더 치밀히 할수록 성경의 진리를 재확인할 수 있습니다. 빅토리아 시대 후반을 생각해 봅시다. 이 시기의 가장 두드러진 특징이 '성급한 일반화'입니다. 충분한 확인과 증명을 거치지 않고 불충분한 증거를 바탕으로 이를 사실화한 것입니다. 이것이 바로 비극입니다. 이런 현상이 일단 확산되면 오랜 세월이 지나서야 심각한 부작용을 극복할 수 있습니다. 일반인들뿐 아니라 대학의 지성인들도 최신 증거로부터 몇 년씩 뒤처진 경우가 종종 있습니다. 비교종교학 분야에서는 최신 증거가 성경을 확실히 뒷받침하고 있고, 명성 있는 학자들이 이를 더욱 확증하고 있습니다. 1936년 11월호 『엑스포지터리 타임스』Expository Times지는 비교종교학을 다뤘는데, 여기에 실린 기고문에서 두 개의 인용문을 예로 들어 보겠습니다. "가장 원시적인 문화를 연구해 보면, 가장 먼저 초월자에 대한 분명하고 생생하고 직접적인 믿음을 발견하게 된다. 이 믿음이 모든 원시 종족의 중심부를 차지하고 있다. 이 믿음은 각 민족이 분화되기 이전인 인간 문명의 태동기부터 대부분의 고대 문명에 깊이 자리 잡고 있었던 것으로 보인다." 또한 "가장 원시적인 종족들을 연구한 결과, 종교는 고등한 신에 대한 단순한 믿음에서 출발했다는 우리의 확신이 재확인되었다"고 했습니다.

도드 교수Charles H. Dodd는 이와 유사한 생각을 『로마서 주석』에서 이렇게 말했습니다. "기존의 유일신교가 퇴화되어 우상 숭배적인 다신교가 된 것인지를 놓고 권위 있는 학자들 사이에 논란이 있다. 그러나 중국이나 인도 같은 고등문명을 가진 민족뿐 아니라 중부 아프리카나 호주의 원시인들 사이의 수많은 종족들을 살펴보면, 일종의 창조주에 대한 믿음과 미신적인 신이나 마귀를 믿는 종교가 공존하고 있다. 그들은 창조주에 대한 믿음이 더 상위의 오래된 질서에 속한다고 막연히 생각해 왔다. 이에 대한 막대한 양의 증거가 존재한다."*

---

* 쇠데르블롬(Nathan Söderblom)의 『신신앙(神信仰)의 생성』(*Das Werden des Gottesglaubens*) 26쪽에 제시된 증거 참조.

또한 슈미트 신부^{W. Schmidt}의 참으로 기념비적인 작품[*]도 확실한 증거를 제시하며 같은 사실을 증명합니다. 세계에서 가장 원시적이고 시대에 뒤떨어진 종족과 인종들에 대한 신중한 학문적 연구 역시 같은 맥락의 증거를 보여주고 있는 것입니다. 이런 민족들 가운데 고등한 신에 대한 믿음이 존재한다는 사실을 성경이 아니고서는 어떻게 설명할 수 있겠습니까? 그들이 아무리 멀리 떠나 방황했고 아무리 낮은 곳으로 추락했다고 해도, 하나님에 대한 기억과 전통이 남아 있는 것입니다. 태초의 인류가 당연하게 여겼던 하나님에 대한 지식이 있는 것입니다.

넷째, **비교종교학 이론은 인간 본성에 대한 상식으로만 판단해 보아도 명확하게 틀렸습니다.** 제가 지금까지 제시한 증거가 없더라도 그렇습니다. 현대인들을 생각해 봅시다. 이들에게 본성적으로 하나님을 알고자 하는 갈증과 열망이 있다는 주장은 얼마나 어처구니없는 생각입니까! 이전 세대와 비교해 볼 때, 우리는 모든 지식과 이해를 갖추고 있습니다. 우리는 그들이 발견한 증거들을 마음대로 다룰 수 있는 이점을 가지고 있습니다. 비교종교학 이론에 따르면, 우리는 사다리의 맨 꼭대기에 있어야 할 것입니다. 우리는 과거보다 더 많이 하나님을 알고 있어야 합니다. 그분을 알고자 하는 우리의 욕구는 더욱 커져야 합니다. 하지만 이런 말을 하기조차 부끄러운 것이 오늘날의 비극이 아닐까요? 서재에 앉아 책에 담긴 여러 증거들을 조합해 이론을 도출하기는 쉽습니다. 모든 것이 완벽하게 들어맞는 것처

---

* 그의 작품 중 하나는 『종교의 기원』(*The Origin of Religion*)이라는 제목으로 영어로 번역되었다.

럼 보입니다. 잘 들어맞지 않더라도 이론가는 마음대로 자료를 조작하고 재배열합니다. 하지만 그들이 길거리나 웨스트엔드(런던 서부의 유흥가)의 나이트클럽을 방문한다면, 그들은 자신의 근본적인 전제가 얼마나 잘못되었는지 금세 발견하게 될 것입니다. "한 사람만 연구해도 인류에 대한 정식 연구가 된다"는 말은 여전히 타당합니다. 개인에게 사실이면 모두에게도 사실입니다. 우리 각 사람에게 사실이면 모두에게도 사실입니다. 사도 바울이 말했던 "육신의 생각은 하나님과 원수가 되나니"라는 말이 사실임을 증명하는 결정적 증거는 바로 우리 안에 있습니다^{롬 8:7}. 인간 안에는 하나님에 대한 적개심이 있습니다. 인간은 본성상 하나님으로부터 도망가고 피하려고 합니다. 사도 바울은 정확하고도 예리하게 그 이유를 설명합니다. 그러한 인간의 성향이 드러나는 방식에 대해서도 말해 줍니다.

첫째, 사도 바울은 인간의 본성에 내재된 반역성을 지적합니다. "하나님을 알되 하나님을 영화롭게도 아니하며." 인간은 하나님에 대한 생각 자체를 거부합니다. 하나님은 인간의 자유를 제한하는 분이라고 느낍니다. 사람들은 자신이 "자기 운명의 주인이며 영혼의 선장"이 될 자격이 있다고 믿습니다.* 그래서 스스로를 자기 방식대로 관리하고, 자기 방식대로 삶을 살아갈 권리를 요구합니다. 그들은 하나님을 예배하거나 그분께 영광 돌리기를 거부합니다. 그들은 하나님을 부인하고 그분께 등을 돌립니다. 그러고는 "우리는 하나님이 필요 없다"고 말합니다. 그들은 하나님이 말씀하시는 삶의 방식을

***

* 윌리엄 헨리(William Henry), 「굴하지 않으리」(Invictus) 중에서.

비판합니다. 종교적 속박과 압제, 그리고 종교라는 이름으로 이루어지는 하나님의 통제에서 벗어나려고 합니다. 인간은 언제나 하나님께 등을 돌립니다. 인간은 방종과 허용된 자유를 혼돈합니다. 인간은 하나님께 반역자입니다. 하나님께 영광 돌리기를 거부합니다.

둘째, 사도 바울은 인간의 본성에 내재된 강퍅한 특성을 지적합니다. 그는 "감사치도 아니하고"라고 말합니다. 이보다 더 적절한 설명이 어디 있습니까? 하나님이 단지 율법만 요구하시는 분이라면, 하나님을 거역하는 인간의 특성이 이해될 만도 합니다. 그러나 하나님은 "온갖 좋은 은사와 온전한 선물"을 주시는 분입니다^{약 1:17}. 하나님은 "모든 복의 근원"이십니다^{딤전 6:15 참조}. 그러나 인간은 그런 하나님을 거부했습니다. 하나님은 인간을 낙원이라는 완벽한 조건에 두시고 그가 원하는 모든 것을 주셨습니다. 하지만 인간은 태초부터 하나님의 성품을 거슬러 사탄의 사악한 유혹을 믿고 언제든 넘어갈 준비가 되어 있었습니다. 인간은 하나님의 모든 선하심과 인자하심을 망각했습니다. 지금도 계속 망각하고 있습니다. 이 사실은 이스라엘 백성의 이야기에서도 관찰됩니다. 하나님의 모든 참으심과 자비하심에도 불구하고, 그들은 계속해서 하나님께 등을 돌렸습니다. 이스라엘 역사에서 배은망덕한 태도처럼 심각한 문제는 없을 것입니다. 이 배은망덕의 절정은, 인간의 모든 역사와 마찬가지로, 하나님의 아들예수 그리스도를 거절한 것입니다. "하나님이 세상을 이처럼 사랑하사 독생자를 주셨으니"^{요 3:16}. 그렇습니다. 하나님께서는 예수 그리스도를 갈보리 언덕에서 잔인한 죽임을 당하도록 내어 주셨습니다. 인간이 죄 사함을 받고 용서를 얻도록 하기 위해서 말입니다. 하나님께서 그렇게 하셨다고 인간이 감사를 드립니까? 인간이 하나님께 자신을 드립니까? 하나님의 이름을 높이며 영광을 돌리고 감사를 표현합니까? 사실, 하나님의 사랑과 자비가 나타난 이 최고의 선물만큼 인간이 싫어하고 거부하는 것도 없습니다. "십자가의 거치는 것"이 여전히 기독교 복음의 가장 큰 장애물이 되고 있습니다. "감사치도 아니하고." 인간은 하나님의 율법을 거부할 뿐 아니라, 구원이 오직 하나님의 은혜와 자비에 전적으로 달려 있다는 진리를 더욱 거부하고 있습니다.

셋째, 바울은 하나님을 아는 지식으로부터 인류가 후퇴하고 멀어진 이유를 제시합니다. 바로 인간의 교만입니다. "그 생각[이성]이 허망하여지며 미련한 마음이 어두워졌나니 스스로 지혜 있다 하나 어리석게 되어." 다시 말해, 마지막 단계는 하나님의 계시를 송두리째 거부하고, 그 자리에 자신의 생각과 이성을 대치하는 것입니다. 그들은 하나님이 주신 하나님을 아는 지식을 거부하고 하나님의 놀라운 역사를 부인합니다. 종교의 필요성과 유용성은 여전히 인정하면서도 자기를 위한 신을 만들고 예배하고 섬기고 있습니다. 사람들은 자신의 지성과 자신의 이해를 믿고 있습니다. 하지만 그리스도께서 말씀하신 것처럼, 그들은 반드시 어린아이처럼 되고 거듭나야 합니다. 아주 부끄러운 일이 아닐 수 없습니다.

여기에는 단계가 있습니다. 다음 장에서 이 단계들을 더 상세하게 다루겠습니다. 먼저 전체 그림을 그려 봅시다. 인간은 하나님의 하나님 되심과 하나님의 계시를 부정합니다. 더 나아가, 하나님의 선하심 때문에 하나님을 증오하기도 합니다. 그러고는 자기 스스로 신을 만드는 데까지 나아갑니다. 태초의 인간만 그러했던 것이 아닙니다. 지난 수백 년, 특히 지난 40년 동안에도 인간은 그러했습니다. 전혀 달라지지 않았습니다. 우리가 이 기본적 사실을 무시한다면, 이세상에 대해 어떤 제안을 하든 미래에 대해 어떤 계획과 아이디어를 제시하든 모두 헛수고가 될 것입니다. 친절을 베푸는 것으로는 부족합니다. 인간이나 인간이 이룬 발전 등을 적당히 인정하고, 있는 모습 그대로 그리스도를 따르라고 초청하는 것만으로는 부족합니다. 인간은 반드시 자기 죄를 깨닫고 가책을 느껴야만 합니다. 인간은 반드시 자기 자신과 하나님에 대한 자신의 태도에 대한 적나라하고 끔찍한 진실을 직면해야 합니다. 이 사실을 깨달을 때에야 비로소 진심으로 복음을 믿고 하나님께로 돌아올 준비가 될 것입니다.

이것이 교회의 임무입니다. 이것이 우리의 책임입니다. 우리 자신을 살피며 이 책임을 감당하겠습니까? 성경에 제시된 하나님의 계시를 수용하시겠습니까? 아니면, 인간의 철학에 기초해 관점을 형성해 가시겠습니까? 성경을 믿는다는 이유로 구식이라거나 시대에 뒤떨어졌다거나 하는 비판을 들을까 두렵습니까? 더 나아가 저는 묻고 싶습니다. 여러분의 하나님이 삶의 핵심이며 최고입니까? 참으로 하나님께 영광을 돌리고 있습니까? 하나님께 기쁨이 되고 있습니까? 여러분은 어떤 동기로 이런 삶을 살겠습니까? 율법에 대한 의무적인 복종입니까? 아니면 우리 죄를 위해 갈보리 언덕 십자가에서 죽으신 하나님의 아들을 바라볼 때 마음에서 우러나오는 감사와 감격과 기쁨과 자발적인 마음 때문입니까? 여러분은 기쁨으로 다음과 같이 고백할 수 있습니까?

놀라운 사랑 받은 나
몸으로 제물 삼겠네 통일찬송가 147장 4절 후렴.

2.

종교와
도덕

롬 1:18

하나님의 진노가
불의로 진리를 막는 사람들의 모든 경건하지 않음과 불의에 대하여
하늘로부터 나타나나니.

로마서 1:18에 나오는 "경건하지 않음"과 "불의"라는 두 단어에 주목해 보십시오. 특히 이 두 단어가 등장하는 순서와 상관관계를 살펴보기 원합니다. 요즘 표현을 빌리면, 우리는 두 단어와 그 순서 때문에 종교와 도덕 사이의 관계를 생각하도록 초대받은 것입니다. 우리는 다시 한 번 지난 100년 동안 우리의 관심사였던 문제에 직면하게 됩니다. 또한 근본적으로 잘못된 인생관도 살펴보게 됩니다. 이 세상의 현재 상황은 다분히 이 인생관에서 유래한 것입니다. 앞서 우리는 비교종교학과 하나님에 대한 인간의 접근을 살피며 주객이 전도된 관점을 살펴보았습니다. 지난 한 세기 동안에도 그 이전 시대와 똑같이 앞뒤가 바뀐 상황이 발견되었습니다.

참으로 신기하고 놀라운 사실은, 로마서 1장 후반부가 현대의 상황을 완벽하게 설명해 준다는 점입니다. 현재 상황만을 특별히 염두에 두고 썼다 해도, 이보다 더 완벽하고 충분할 수 없습니다. 바울은 대다수 사람들이 품고 있는 사상과 논리의 주요 흐름을 주의 깊게 살핍니다. 또 이 사상들이 궁극적으로 어떤 결과를 낳는지 추적하고 연구합니다.

전체 상황을 제대로 이해하려면, 먼저 다음과 같은 사실을 깨달아야 합니다. 인간은 본성상 하나님께 대적하고 하나님을 제거하려고 합니다. 그분이 계시한 종교에서 시험거리가 되는 것은 어떻게 해서든 제거하려고 합니다. 하나님과 그분의 계시 그리고 그분이 명하시는 삶의 방식까지 거역한 인간은, 자신을 위해 새로운 신과 종교를 만들고 삶과 구원에 대한 새로운 길을 애써 만듭니다.

앞으로 이 문제를 더 살펴보겠습니다. 먼저 이 같은 인간의 성향을 완벽하게 설명하고 보여주는 사례를 봅시다.

100년 전만 해도 대부분의 사람들은 종교에 우선순위를 두었습니다. 도덕과 윤리는 그 다음이었습니다. 다시 말해, 그들이 추구하는 바람직한 삶과 삶의 방식은, 그들의 종교와 성경의 가르침을 토대로 하고 있었습니다. "하나님을 경외하는 것"이 중요한 동기가 되었습니다. 구약의 언어를 빌리면, 그들의 지혜의 출발은 바로 하나님에 대한 경외감이었습니다. 당시 사람들이 이렇게 할 수 있었던 것은, 다양한 종교적 부흥과 운동이 그들의 철저한 죄악과 타락을 깨닫도록 각성시켰기 때문입니다. 종교성을 갖게 되면서 그들은 올바른 삶의 중요성에 대해 깨닫게 된 것입니다. 당시 상황은 그러했습니다.

그런데 큰 변화가 일어났습니다. 사람들은 원래 처음부터 드러내 놓고 하나님을 부인하지는 않았습니다. 하지만 그들은 종교와 도덕의 자리를 뒤바꿨습니다. 그들의 관심사는 점점 도덕에 집중되었습니다. 그들은 종교를 배제하고 도덕만 강조하기 시작했습니다. 하나님을 부인하지는 않았지만 하나님을 삶의 배경 정도로 간주해 버렸습니다. 이런 변화의 배후에는 다음과 같은 주장과 이유가 있습니다. 곧 과거에 종교의 개인적·체험적 측면은 강조되었지만, 윤리적·사회적 측면은 충분하게 강조되지 못했다는 것입니다. 그러나 이 주장은 도덕과 행실 외에는 중요한 것이 없다는 노골적이고 염치없는 주장으로 점차 발전했습니다. 종교는 심한 냉대를 받았습니다. 사람이 선한 삶을 살고 최선을 다하면 아무런 문제가 없다는 노골적인 주장까지 등장했습니다. 인간의 삶과 구원을 위한 하나님의 기적적인 개입을 강조하는 모든 주장은 의문시되다가 결국 부정되었습니다. 하나님과 인간 사이의 본질적 관계를 강조하는 모든 주장은 축소되다가 결국 거의 자취를 감췄습니다. 신조와 신앙고백, 성례, 심지어 교회에 출석하는 것까지도 과거의 유물로 여기게 되었습니다. 그것들은 과거에 사람들이 무지했던 때, 사람들에게 약간씩 겁을 주어 선한 삶을 살도록 유도해야 했기 때문에 필요했다는 것입니다. 이제 그런 것은 더 이상 필요가 없다고 주장합니다. 나사렛 예수는 이 땅에 오셔서 인간을 위해 기적적인 구원의 길을 내신 하나님의 독생자가 아니라는 것입니다. 예수는 다른 어떤 사람보다 더 뛰어나기는 하지만 본질적으로는 다를 바 없는, 가장 훌륭한 도덕 교사이며 모범이라는 것입니다. 선한 삶을 살게 하는 종교적인 동기와 종교적인 기초는 사실 다 사라져 버렸습니다. 긍정적인 효과를 가져올 교육과 사회 개선 방법에 대한 믿음이 이 자리를 차지하게 되었습니다. 사람들은 거만하고 우쭐대는 태도로 이렇게 말합니다. "과거에는 종교의 마법, 성례, 금기 등이 어느 정도는 필요했다. 하지만 이제 인간이 지성을 갖추고 현대적이고 지적인 환경을 갖추었기 때문에 그런 것은 필요 없다." 참으로 모욕적이기까지 한 말입니다. 이것은, 인간에게 선이 무엇인지 보여주고 그에 대해 교육하기만 한다면 더 이상 필요한 것이 없다는 주장이나 마찬가지입니다.

이것은 우리에게 익숙한 가르침 아닙니까? 이에 따르면, 선한 삶을 살고 도덕적인 사람이 되는 것이 가장 중요한 일입니다. 대다수의 사람들이 아예 교회에 나오지 않게 되었습니다. 안타깝게도, 교회에 나오는 사람들 가운데 다수가 교회 출석을 중요하고 본질적인 문제라고 생각하지 않습니다. 습관을 따라 나오거나 막연히 바른 일이라고 생각하기 때문에 나옵니다. 종교는 더 이상 삶과 삶의 방식에 대해 알려 주는 원동력이나 기반이 되지 못하고 있습니다. 종교생활을 하는 많은 사람들에게조차 종교는 단순한 부속물로 전락했습니다. 의와 도덕이 최고의 자리를 차지했습니다. 이제 경건에 대해서는 언급조차 하지 않습니다. 과거의 바리새인들처럼, 불의한 행동을 보면 충격을 받으면서도, 정작 자기 의가 하나님 보시기에 훨씬 더 악하고 불경건한 것임을 깨닫지 못하고 있습니다. 순서가 뒤바뀐 것입니다. 도덕이 종교 위에 있고, 부도덕이 불경건보다 더 끔찍한 죄로 여겨지고 있습니다.

그러나 이제 우리는 근본적인 질문을 던져야 합니다. 이처럼 뒤바뀐 결과는 무엇인가? 이것은 필연적으로 어떻게 귀결되는가? 세상의 현실을 보면 이 질문에 대한 답을 얻을 수 있습니다. 세상은 인간이 훈련을 통해 죄를 짓지 않을 수 있다고 합니다. 인간이 교육을 통해 전쟁이 어리석은 것임을 깨달을 수 있다고 합니다. 그런데도 우리는 이처럼 전쟁을 치르고 있습니다. 그러나 전쟁이 문제가 아닙니다. 전쟁보다 더 본질적 문제가 있습니다. 도덕 중심의 교육은 이 나라뿐 아니라 다른 나라 사람들의 삶에까지 심각한 도덕적 혼란을 일으켰습니다. '도덕적'이라는 말 자체가 아무런 의미를 갖지 않는 지경에 이르렀습니다. 과거의 "죄악들"이 현재 "해야 할 일"로 바뀌었습니다. 18세기의 복음주의 부흥운동 이후 약 200년 동안은 그 어느 시대보다 사람들의 도덕적·지적 수준이 저급해졌습니다. 이 말에 누구도 이의가 없을 것입니다.

제가 드리고 싶은 말씀은 다음과 같습니다. 성경에 따르면 이제 필연적으로 무언가 일어날 것입니다. 낮이 지나면 밤이 오듯이 말입니다. 성경의 순서와 달리 종교와 도덕 사이의 전후관계가 뒤바뀌면, 로마서 1장 후반부에 등장하는 확실하고도 끔찍한 용어로 묘사된 결과를 반드시 맞게 됩니다. 종교는 도덕보다 우선시되어야 합니다. 그래야 도덕도 살아남을 수 있습니다. 경건은 윤리의 필수적인 요소입니다. 더 나은 사회로 가려면, 우리는 그분께 절대적으로 의존해야 합니다. 하나님의 아들 예수 그리스도의 삶과 구원의 길을 받아들여, 하나님을 믿고 그분을 영화롭게 하려는 갈망을 가져야 합니다. 이것은 단지 교리적인 말이 아닙니다. 인류의 역사 가운데 반복적으로 증명되고 보여진 것입니다. 사도 바울이 로마서 1:18에서 상기시키듯이, 그것은 인류 역사의 필수적인 내용입니다. 구약의 이스라엘 백성을 보십시오. 그리스와 로마의 역사를 보십시오. 이 두 제국은 윤리 사상과 정교한 도덕 체계와 법률과 정의의 개념들을 발전시켰습니다. 그러나 이들의 몰락 원인을 거슬러 올라가면 결국 도덕적 타락에 이릅니다. 우리나라의 역사는 어떻습니까? 종교와 영적 부흥은 언제나 도덕적이고 지적인 각성으로 이어졌습니다. 결과적으로, 더 나은 사회를 만들었습니다. 반대로 불경건은 언제나 불의로 연결되었습니다. 비록 사람들이 사회를 개선하려는 의지와 열정을 가지고 있어도, 영적인 열정과 열의가 식으면 결과적으로 언제나 도덕적·지적 퇴보가 뒤따랐습니다. 우리나라 역사의 위대한 시대는, 모든 면에서 볼 때, 엘리자베스 시대와 청교도 시대, 그리고 빅토리아 시대입니다. 각 시대는 놀라운 종교적 부흥 이후에 시작되었습니다. 그러나 종교가 배경으로 물러나거나 심지어 망각되는 지경에 이르고, 사람들이 도덕만으로도 살 수 있다는 생각에 도달하면, 퇴보는 급속히 진행됩니다. 에밀 브룬너^{Emil Brunner}는 이러한 현상이 너무도 뚜렷해서 명확한 시기와 단계가 있는 인생의 법칙과도 같다고 했습니다. 그는 이렇게 말했습니다. "개인적이고 인간적인 감정은 믿음의 열매로 나타난다. 하지만 그 뿌리인 믿음이 죽으면, 당분간은 지속될지 몰라도 오래갈 수는 없다. 종교의 쇠퇴는 다음 세대에 도덕적 경직성으로 드러난다. 그다음 세대에 가서는 도덕의 붕괴가 일어난다. 이것은 법칙이다. 종교가 없는 인간이 역사 속에서 저항할 힘을 가진 경우는 한 번도 없었다. 오늘날도 마찬가지다. 기독신앙으로부터 분리된 채로 일정 시간이 흐르면 인간의 모든 상황은 비인간화될 것이다. '생명의 포도주는 다 쏟아졌고' 남은 것은 찌꺼기뿐이다."

그러므로 사회와 세상을 새롭게 하기 전에 우리가 확실히 붙잡아야 할 근본 원리가 있습니다. 종교는 근본적이고 필수적이고 핵심적이라는 사실입니다. 종교는 예수 그리스도 안에 있는 하나님에 대한 진정한 믿음입니다. 종교 없이 사회를 조직하려고 하면 과거와 마찬가지로 반드시 실패하게 되어 있습니다. 우리가 방금 살펴보았듯이, 이 사실은 실용주의적 관점에서 검증해 보아도 확인됩니다. 성경을 연구하거나 성경의 관점으로 인간을 연구해 보아도 이 사실을 알 수 있습니다. 종교 없이 도덕만을 의지하거나 도덕을 종교보다 우위에 놓는 것은 재앙을 불러옵니다. 여기서 재앙을 불러오는 이유를 몇 가지 살펴보겠습니다.

첫째, 도덕을 종교보다 우위에 놓는 것은 **하나님께 모독**이 됩니다. 우리는 반드시 이 사실부터 짚고 넘어가야 합니다. 이 다음에 발생하는 모든 것을 설명하려면 여기서부터 출발해야 합니다. 이런 이유가 아니라 해도 이것이 절대적인 사실이기 때문에 여기서부터 출발해야 합니다. 우리는 언제나 이 출발점을 잘 구분해야 합니다. 우리 자신과 우리 가운데 일어난 일들, 좋은 사회나 다른 어떤 것에 대해 생각하기 전에, 우리는 반드시 하나님에서부터, 하나님을 예배하는 것에서부터 출발해야 합니다. 우리가 경건이 진정한 도덕성을 가져온다는 이유만으로 경건을 강조하거나, 종교가 사회를 최고의 상태로 이끌기 때문에 종교를 추천한다면, 사실은 주객이 전도되어 하나님을 모욕하게 되는 것입니다. 결코 하나님을 목적을 위한 수단으로 여겨서는 안 됩니다. 종교를 추구하는 동기가 종교에 따르는 특정 유익 때문이어서는 곤란합니다. 흔히 사람들은 영국이 종교와 성경으로 위대해졌기 때문에, 종교와 성경은 가치 있는 것이라고 말합니다. 이런 생각 때문에 다른 나라가 우리나라의 국가적 위선에 대해 자꾸 비난하는 것입니다. 우리는 깊은 신앙심 때문에 과거에 축복을 받았다고 믿는 경향이 있습니다. 이 믿음이 전적으로 그릇된 것은 아닙니다. 그러나 우리가 이 사실을 이용하고, 축복을 받기 위해 종교를 팔기 시작하면, 하나님을 모욕하는 것이 됩니다. 이 나라가 더욱 종교적이 될수록 더욱 도덕적이고 믿을 만하고 견고해지는 것은 사실입니다. 그 때문에 정치가들과 지도자들은 종교에 아첨하며 종교가 대중적 형태로 유지되기를 바라는 유혹을 받습니다. 그러나 이것은 제가 강조하는 것과 반대입니다. 성경 전체가 중요시하는 것과 정반대입니다. 하나님은 하나님이시고, 창조주이시고, 전능자이십니다. 영원 중에 거하시는 높고 존귀한 분이십니다. 그분의 이름은 거룩합니다. 이 같은 분이시기 때문에 하나님은 마땅히 예배를 받으셔야 합니다. 그분의 임재 가운데 거하면서 다른 생각을 한다는 것은 불가능합니다. 내 자아, 내가 얻을 이익, 내 소유, 나와 내 계층, 내 나라에 무엇이 유리한지에 대한 생각은 사라집니다. 하나님은 지존하신 분이며 유일하신 분입니다. 하나님보다 다른 것을 우선시하는 것은 곧 하나님을 부인하는 것입니다. 그것이 아무리 고귀하고 소중한 것이라도 상관없습니다. 구원의 결과와 축복, 도덕적 삶, 사회 개선, 이 모든 것들이 진정한 믿음의 결과물이라 하더라도 최고의 자리를 차지하도록 허락해서는 절대 안 됩니다. 제가 말씀드렸듯이, 우리가 진정 하나님을 경배하고 그분의 임재를 깨닫게 되면, 다른 것이 우선될 수가 없습니다.

미래 사회를 생각하고 계획하려고 할 때, 우리는 미묘한 위험에 빠질 수 있습니다. 이 위험은 오늘날 이 나라의 현실에 대해 염려하는 많은 저자들의 글에서 발견됩니다. 특별히 두 인물, T. S. 엘리엇Eliot과 미들턴 머리(영국의 비평가이자 작가로 60권이 넘는 저서를 남겼다─옮긴이)Middleton Murry를 살펴보겠습니다. 그들은 종교적 사회와 기독교 교육을 강조했습니다. 그것만이 망하지 않고 성공할 수 있는 길이라고 생각했기 때문입니다. 그러나 그들은, 기독교 사회와 기독교 교육이 가능하려면 먼저 그리스도인들이 있어야 한다는 사실을 깨닫지 못했습니다. 어떤 교육이나 문화, 어떤 훈련 방법도 그리스도인을 만들어낼 수 없습니다. 그에 따르는 도덕을 갖추게 할 수 없습니다. 그렇게 하려면 우리는 먼저 하나님을 대면해야 합니다. 우리가 죄와 소망이 없는 궁지에 빠진 것을 깨닫고 하나님 앞에서 회개해야 합니다. 하나님의 아들 예수 그리스도 안에서 은혜로 주시는 그분의 구원을 받아들여야 합니다. 그런데 그들은 이것을 언급하지 않습니다. 항상 대가를 치를 생각은 안 하고 기독교에서 파생되는 유익만을 얻으려고 합니다. 그들은 "하나님은 업신여김을 받지 아니하시"는 분이심을 다시 기억해야 합니다[갈 6:7]. 또한 기독교 문화라는 이름으로 하나님을 심각하게 모욕할 수 있다는 사실을 상기해야 합니다. 하나님을 경배해야 할 유일한 이유는, 하나님은 하나님이시기 때문입니다. 다른 유익 때문이 아닙니다. 하나님은 그런 경배를 요구하시고 그것을 받으실 것입니다.

둘째, 도덕을 종교 위에 두는 것은 **사람에게도 모욕**이 됩니다. 놀라운 사실은, 인간이 자신을 높이기 시작하면, 그는 낮아질 뿐 아니라 반드시 모욕을 당한다는 것입니다. 이 문제는 나중에 더 자세히 살펴보겠습니다. 제가 강조하고자 하는 이 원리는 22절에 완벽하게 요약되어 있습니다. "스스로 지혜 있다 하나 어리석게 되어." 인간은 언제나, 하나님께서 인간을 속박하신다고 생각합니다. 하나님께서 인간의 놀라운 힘과 능력을 만끽하도록 허락하지 않으신다고 느낍니다. 인간은 자신의 능력을 발휘하고 자신을 표현하기 위해 하나님께 반기를 듭니다. 자유를 찾고 더 크고 고결한 인간성을 창조한다는 미명 아래 하나님을 거역합니다. 앞서 살펴보았듯이, 이것이 지난 100년간 있었던 기독교에 대한 반역이 갖는 진정한 의미입니다. 오, 우리는 인간 해방에 대해 얼마나 많은 말을 들어 왔습니까! 도덕적 인간이 종교적 인간보다 훨씬 수준이 높다고 인식되고 있습니다. 그

렇기 때문에 종교보다 도덕이 우선시되는 것입니다. 그러나 실상은
어떻습니까? 인간은 스스로를 높이려다 모욕을 당합니다. 이 만고불
변의 법칙을 증명하기 위해 도덕의 실상을 살펴보겠습니다.

첫째, 도덕은 **인간 자신보다 인간의 행동**에 더 관심을 둡니다. 도
덕은 출발점부터 인간을 모욕합니다. 우리의 행동 자체에 관심을 두
는 것은 언제나 긍정적이기보다 훨씬 더 부정적입니다. 결과적으로
우리에게 모욕이 됩니다. 이는 제가 따로 강조할 필요가 없을 것입니
다. 사람에게 의미 있는 것이 그의 행동뿐이라고 말하는 것은, 아무
리 긍정적으로 평가하려고 해도 심각한 인격적 모욕입니다. 이 또한
설명드릴 필요가 없으리라 생각합니다. 행동에만 관심을 둔다는 말
은, 다른 사람이 나에 대해 누구인지 전혀 관심이 없다는 뜻입니다.
다만, 내가 어떤 일을 하고 어떤 직책과 지위를 가지고 있는지 또는
그에게 어떤 도움을 줄 수 있는지, 얼마나 가치 있는지만 관심을 갖
는다는 뜻입니다. 얼마나 모욕적입니까! 이것이 바로 도덕의 관점입
니다. 이 관점은 오직 우리의 행동과 행실에만 관심을 둡니다. 우리
의 행동이 나아지면 우리는 더 좋은 사람이 됩니다. 그러나 그럼에도
모욕의 수위는 전혀 낮아지지 않습니다. 이 관점은 나의 인격을 나의
행동보다 부차적인 것으로 전락시키기 때문입니다. 이것은 궁극적
으로 인격 파괴입니다. 이 현상이 지난 몇 년 동안 얼마나 두드러졌
습니까! 우리는 거의 모든 측면에서 획일화되었습니다. 우리의 삶은
단조롭게 규격화되고 있습니다. 행동과 행실에 더 많은 관심을 기울

입니다. 정보를 습득하는 데 몰두합니다. 다른 사람에게 비춰지는 우리의 모습에 지나치게 신경을 씁니다. 그러나 이렇게 할수록 다양성이 사라집니다. 비범함과 특징은 갈수록 희박해지고 진정한 개성은 상실됩니다.

둘째, 도덕은 항상 **사람 자체보다는 사람과 관련된 부수적인 것**에 더 관심을 둡니다. 도덕은 사회나 국가 또는 집단에 관심을 둡니다. 도덕이 개인에 대해 관심을 가지는 경우는, 전체적인 틀에 개인이 순응하도록 만들 때뿐입니다. 도덕은 '국가', '사회', '사회적' 같은 단어들을 즐겨 사용합니다. 개인의 인격은 무시하고 망각합니다. 모든 것이 국가나 사회의 이익을 위해 행해집니다. 전체가 개선되면 개인도 개선될 수 있다는 논리입니다. 그런데 이 역시 인격에 대한 모독입니다. 이것은 개인이 거대한 인간 집단의 한 조각에 불과하다는 것을 의미하기 때문입니다. 종교는, 사회를 구성하는 개인이 개선되어야 사회가 개선된다고 믿습니다. 반면에 도덕은, 전체적인 상황을 개선하면 개인도 개선된다고 믿습니다. 종교와 도덕 중 어떤 것이 인격과 사람에 가치를 두고 있는지는 여러분이 판단하시기 바랍니다. 사용하는 수단을 보아도 이를 판단할 수 있습니다. 도덕은 강제를 사용합니다. 법을 제정하고 그 일반적 기준에 강제로 순응하도록 만듭니다. 우리의 의향과 상관없이 그렇게 합니다. 물론 국가를 통치하기 위해서는 그렇게 해야 합니다. 저는 그 점에 전적으로 동의합니다. 그럼에도 불구하고 그것은 본질적으로 인격에 대한 모독입니다. 더 나아가 그것은 기독교와 대치됩니다. 기독교는 자기가 추구하는 것이 올바른 것인지 되돌아보게 합니다. 기독교는 삶에서 본을 보이고 싶은 깊은 갈망과 욕구를 갖게 합니다. 도덕은 지시와 명령입니다. 그러나 기독교는 사도 바울이 갈라디아 사람들에게 말하듯이 "사랑으로써 역사하는 믿음"입니다^{갈 5:6}.

셋째, 도덕은 **인간 안에 있는 가장 고상한 것을 무시함으로써 인간을 모독합니다.** 도덕은 인간과 동물을 궁극적으로 구별해 주는 것을 무시합니다. 무엇이 인간과 동물을 구별해 줍니까? 하나님과의 관계입니다. 도덕은 인간을 이 땅의 존재로만 이해합니다. 인간이 하나님을 위해 창조된 존재임을 망각합니다. 아무리 도덕적 수준이 높아도, 도덕은 인간의 성취와 인간 본성의 가능성에 제약이 됩니다. 도덕이 사람을 고상한 존재이자 생각하는 동물로 만들 수는 있습니다. 그러나 도덕은 인간이 하나님의 자녀가 될 수 있는 영광스러운 가능성에 대해서는 전혀 알지 못합니다. 도덕은 현실적이고 현세적입니다. 영원이라는 황홀한 절정과 비전에 대해서는 무지몽매합니다. 도덕은 결국 이것 때문에 실패하게 되어 있습니다. 간단한 예화를 하나 들어 보겠습니다. 한 아이가 집을 떠나 친척 집에서 살게 되었습니다. 집에 가고 싶고 엄마가 보고 싶어 울기 시작합니다. 사촌들이 이 아이를 달래려고 최선을 다합니다. 장난감도 만들어 주고, 같이 놀자고 하고, 사탕과 초콜릿도 주고, 아이가 좋아할 만한 모든 것을 줍니다. 그러나 아무것도 소용이 없습니다. 인형과 장난감, 진귀한 음식들도 엄마를 원하는 아이를 달랠 수가 없습니다. 이 아이는 다 싫다고 내던집니다. 이쯤 되면 이 아이에게는 그 모든 것이 분명히 모욕이 됩니다. 그 아이에게는 엄마가 필요합니다. 다른 어떤 것도 소용이 없습니다. 인간은 죄악에 빠져 있을 때 자신의 진정한 필요를 모릅니다. 그러나 사람들이 제공하는 최상의 것들이 자신을 만족시킬 수 없다는 것을 명확하게 깨닫습니다. 인간의 마음 깊은 곳에는 뿌리 깊은 불만족이 자리 잡고 있습니다. 그 마음은 오직 하나님만으로 채워질 수 있습니다. 이 사실을 깨닫지 못하면 최상의 것들조차 불충분한 정도가 아니라 모욕이 됩니다. 인간은 하나님의 형상으로, 하나님을 위해 창조되었습니다. 비록 죄를 짓고 타락해 멀리 떠났지만, 그 내면에는 아버지를 찾아 고향으로 돌아오기까지는 절대 채워지지 않을 향수가 자리 잡고 있습니다.

셋째, 도덕을 종교보다 우선시하려는 이 시도는 인간의 삶에 **궁극적 권위나 법칙을 제공할 수 없습니다.** 이제 우리는 지금까지 이야기한 모든 것이 실제적으로 적용되는 영역에 이르렀습니다. 우리는 선한 삶을 살라는 강요를 받습니다. 그러나 이런 질문이 즉시 떠오릅니다. "왜 우리가 선한 삶을 살아야 하는가?" 이 "왜"라는 문제에 직면했을 때 종교 없는 도덕은 또다시 실패하게 됩니다. 그 이유는 다음 두 가지 방식으로 설명할 수 있습니다.

도덕 그 자체를 목적으로 여기고 도덕을 위한 도덕을 추구하는 관점은, 이 질문에 대한 답을 오직 이성에서만 찾습니다. 이 관점은 우리의 이성과 지식에 호소합니다. 이전에 죄로 여겼던 것을 도덕은 무지함이나 참 교육의 부재에서 비롯된 것이라고 이해합니다. 따라서 도덕은 더 고상하고 더 나은 삶의 형태를 보여주고 그려 주려고 합니다. 도덕은 유토피아를 그립니다. 유토피아에서 모든 사람은 가르침과 교육을 받을 수 있습니다. 모두가 자기를 억제하고 최선을 다해 공동의 선에 기여합니다. 도덕은 특정 행동의 부정적 결과를 그 당사자와 전체 공동체에 보여줍니다. 더 나아가 도덕은, 그 당사자로 하여금 그 행동이 그에게 걸맞지 않은 것이고, 그 일을 저지르는 것이 자신의 기준을 떨어뜨려 그의 본질적 자아에 어울리지 않는 것임을 보여줍니다. 이것이 도덕의 방법입니다. 도덕은 사람에게 훌륭한 본성이 있으며, 그가 동물에서 어떻게 발전되어 온 존재인지를 가르칩니다. 도덕은 인간에게 동물적 본성을 뒤로 하고 자기발달의 정점에 이르러야 한다고 촉구합니다. 이상적 사회의 모습을 보여주면서 그런 관점을 수용하도록 유혹합니다. 이는 본질적으로 인간 본성의 지성과 이성과 합리성에 호소하는 방식입니다.

그러나 도덕은 궁극적으로 하나의 의견일 뿐입니다. 도덕은 도덕의 관점이 가장 고상하고 최선이며 최대 행복으로 연결된다고 주장합니다. 그러나 사람들이 여기에 동의하지 않고 도덕이 인간의 진정한 본성을 만족시킬 수 없다고 말하면, 도덕은 대응할 방도가 전혀 없습니다. 특히, 지난 제1차 세계대전 이후로 '자기표현'self-expression이라는 이단 종교가 더욱 인기를 끌면서 이런 입장이 확산되고 있습니다. 이 종교에 속한 사람들은, 도덕주의자들이 그려 놓은 그림이 최선이자 최고라는 주장을 거부합니다. 그들은 도덕주의자들의 이상향을 도리어 속박과 제약을 가져오는 것으로 여깁니다. 그 이상향은 그들의 최고 관심사에 반하는 것입니다. 그들은 행복과 쾌락을 최고로 추구하면서, 정반대가 되는 삶과 행동의 계획을 제시합니다. 여기서 이 문제를 생각할 시간은 없습니다. 그러나 제가 거듭 말씀드리고자 하는 것이 있습니다. 종교에 기초하지 않은 도덕 체계는 이런 도전에 직면했을 때 답을 하지 못한다는 사실입니다. 그러한 도덕 체계 아래서 한 가지 의견은 다른 의견만큼이나 좋은 것입니다. 따라서 누구든 자기가 원하는 대로 할 수 있습니다. 최고의 권위는 존재하지 않습니다.

도덕의 실패는 다른 방법으로도 증명될 수 있습니다. 인간의 본질 가운데 지성과 합리성에만 호소해서는 역시 실패할 수밖에 없습니다. **인간에게 가장 중요한 것을 무시하기 때문입니다.** 이것이야말로 지난 세기 동안 대부분의 사상 이면에 있었던 진정한 오류입니다. 그동안 인간은 지성과 이성의 존재로만 여겨졌습니다. 인간이 주로 듣는 말은 무엇이 옳은지, 무엇을 해야 하는지에 대한 것뿐이었습니다. 놀라운 사실은, 명백한 사실들을 근거로 오류가 드러났음에도 불구하고 이 관점이 확산되었다는 점입니다. 지성을 갖추었다고 바른 삶을 사는 것이 아닙니다. 신문이나 전기나 회고록 등을 보면 이 사실을 알 수 있습니다. 교육과 교양을 갖춘 사람이 언제나 선한 삶을 사는 것은 아닙니다. 육체적인 죄의 결과를 가장 잘 아는 사람이, 그 죄에 가장 자주 빠지곤 합니다. 왜 그럴까요? 이것을 설명하는 데 도움이 될 만한 새로운 심리학이 있습니다. 이 심리학의 새로운 증거가, 인간의 지성을 강조하는 인간관을 아직 완전히 논파하지 못했다는 사실이 놀라울 따름입니다. 인간 내면 깊은 곳에는 원초적 본능이 있습니다. 인간은 욕구와 욕망의 피조물입니다. 그 두뇌는 독립되고 고립된 기계가 아닙니다. 그 의지는 완전히 동떨어진 상태로 존재하지 않습니다. 이런 힘들이 끊임없이 서로 영향을 끼칩니다. 멈추지 않고 상위의 힘에 영향력을 행사합니다. 따라서 인간은 어떤 행위가 잘못된 것인지 압니다. 그러나 개의치 않고 행하기도 합니다. 때로는 잘못된 행위를 탐닉합니다. 그 욕구가 너무 강해, 논리를 만들어 내서 잘못된 행위를 합리화합니다. 그러나 사도 바울이 로마서 7장에서 한 말을 기억하십시오. 바울은 이러한 인간을 완벽하게 묘사하고 있습니다. "내가 원하는 바 선은 행하지 아니하고 도리어 원하지 아니하는 바 악을 행하는도다"[19절]. 이러한 인간 본성에 관한 본질을 인식하지 못하는 관점은 필연적으로 실패하게 되어 있습니다. 인간의 존재를 설명할 수 있는 더 강력한 기제가 필요합니다. 이성과 의지에 호소하는 것만으로는 부족합니다. 전인격이 포함되어야 합니다. 특히 욕망이라는 요소가 포함되어야 합니다.

　　마지막으로, 이 문제의 또 다른 핵심적인 측면을 살펴보고자 합니다. "우리가 왜 선한 삶을 살아야 하는가"를 질문한 다음에는, 다음과 같은 실제적인 질문이 뒤따릅니다. "내가 **어떻게 해야** 선한 삶을 살 수 있는가?" 여기서 우리는 다시 한 번 깨닫습니다. **종교 없는 도덕은 무능력하기 때문에 전적으로 실패한다**는 것을 말입니다. 사도 바울은 말합니다. "내가 원하는 바 선은 행하지 아니하고 도리어 원하지 아니하는 바 악을 행하는도다." 이것이 문제입니다. 우리는 능력이 없습니다. 우리는 해야 한다는 것을 알고 하고 싶은 마음도 있지만 실행하지 못합니다. 잘못된 행동인 것을 알면서도 이를 제재하지 못합니다. 인간은 진리에 대한 지식만 필요한 것이 아닙니다. 더 나아가 능력이 필요합니다. 도덕이 실패하는 것은 문제를 우리 손에만 맡기기 때문입니다. 우리가 모든 것을 다 해야 합니다. 그러나 방금 살펴보았듯이, 어떤 의미에서 이것이 바로 문제입니다. 우리는 할 수 없습니다. 우리는 실패합니다. 궁극적으로 도덕 체계는 특정 부류의 사람들에게만 호소력이 있고 유익합니다. 만일 우리가 "타고난 선한 사람"이라면, 우리가 천성적으로 선한 일에 관심이 있다면, 도덕은 우리에게 많은 도움과 격려를 줄 것입니다. 여기서 "타고난 선한 사람"은 하나님께서 보시기에 선하다는 것이 아니고 사람이 보기에 선하다는 말입니다. 특정 죄를 범하지 않았기 때문에 죄인이 아니라는 뜻이지, 성경이 말하는 의롭고 거룩하다는 의미의 선한 사람이 아닙니다. "타고난 선한 사람"에게는 도덕 체계가 도움이 됩니다. 그러나 이런 체질이 아닌 사람들은 어떻습니까? 타고난 반골 기질의 사람들은 어떻게 해야 합니까? 더 활동적이고 활력이 넘치는 사람들은 어떻습니까? 선보다는 잘못과 악을 더 쉽고 천연덕스럽게 저지르는 사람들은 어떻습니까? 그들에게 도덕은 아무 도움이 못 됩니다. 도덕은 아주 정확하게 우리를 있는 그대로의 자리에 놔두기 때문입니다. 도덕의 논리는 쉽게 주변으로 쏠려가 버릴 수 있습니다. 도덕은 우리 스스로를 억제해서 죄를 짓지 않도록 만들지 못합니다. 도덕은 우리가 죄에 빠졌을 때 우리를 회복시킬 힘이 없습니다. 도덕은 우리를 죄책감에 빠진 실패자로 방치합니다. 진정 우리에게 소망이 없다고 느끼게 합니다. 도덕은 우리가 실패했고 패배했고 기준을 지키지 못했음을 상기시켜 줍니다. 비록 도덕이 다시 시도해 보도록 우리를 격려한다 해도, 그렇게 함으로써 우리를 다시 실패의 구렁텅이에 빠뜨리고 정죄합니다. 여전히 도덕은 문제를 우리에게만 맡겨두기 때문입니다. 도덕은 우리를 도울 수 없습니다. 도덕은 우리에게 능력을 줄 수 없습니다. 한번 실패하고 나면, 우리는 또다시 넘어질 것이라는 생각을 하게 됩니다. 그럼에도 다시 시도할 이유가 있겠습니까? 포기하고 집어치우고 우리 자신을 운명에 맡겨야지요. 안타깝게도, 우리 가운데 너무나 많은 사람들이 바로 이런 이유 때문에 포기하고 맙니다.

이처럼 도덕은 우리에게 능력을 주지 못합니다. 기준은 제시하지만 그 기준에 이르게 하지는 못합니다. 도덕은 다만 좋은 조언자에 불과합니다. 아무런 능력도 주지 못합니다.

우리는 도덕이 이론적·실제적 측면에서 모두 실패하는 것을 살펴보았습니다.

　　오랫동안 인류는 종교와 도덕 사이의 순서를 뒤바꾸는 실수를 통해 죄에 빠져 살아왔습니다. 이것은 참으로 비극이 아닐 수 없습니다. 한때 이 두 가지가 바른 위치에 있던 적이 있었습니다. 하지만 이제 상황이 완전히 달라졌습니다. 도덕은 그 자체로 실패합니다. 그러나 그리스도의 복음은 성공을 거둡니다. 복음은 하나님으로부터 출발해 하나님의 거룩한 이름을 높이기 위해 존재합니다. 복음은 인간을 하나님과의 바른 관계로 회복시킵니다. 다름 아닌 그리스도의 피를 통해 하나님과 화해시킵니다. 복음은 행동이나 환경보다 인간이 더 중요하다고 말해 줍니다. 인간 자신이 먼저 바르게 된 후에, 다른 모든 것까지 바르게 해야 한다고 알려 줍니다. 복음은 육체, 정신, 영혼, 지성, 욕구, 의지 등 인간의 전 영역의 필요를 채워 줍니다. 하나님의 놀라운 사랑에 감사하는 마음을 품고 선한 삶을 살고자 하는 열정과 욕구를 채워 줍니다. 인간에게 가장 고상한 비전을 제공합니다. 복음은 인간에게 능력을 줍니다. 죄와 실패로 인한 수치심과 참담함의 밑바닥에서, 복음은 인간을 회복시킵니다. 그리스도께서 인간의 죄를 위해 죽으셨고 하나님께서 용서하셨음을 확신시키며 인간을 회복시켜 줍니다. 복음은 새로운 생명과 새로운 출발로 인간을 초청합니다. 죄와 유혹을 이길 힘을 약속해 줍니다. 동시에 그렇게 살아야 한다고 믿고 또 알고 있는 삶을 살아갈 능력을 줍니다.

　　우리 인간과 이 세상에는 오직 한 가지 희망만이 있을 뿐입니다.

그 밖의 모든 것은 시도했으나 실패하고 말았습니다. 불경건은 가장 크고 핵심적인 죄악입니다. 다른 모든 문제가 거기서 비롯됩니다. 인간은 반드시 하나님께로 돌아와 그분과 새 출발을 해야 합니다. 그렇게 할 수 있는 길이 "십자가에 못 박히신 예수 그리스도" 안에 활짝 열려 있습니다. 그로 인해 하나님께 찬양을 드립시다.

3.

죄의
속성

롬 1:18

하나님의 진노가
불의로 진리를 막는 사람들의 모든 경건하지 않음과 불의에 대하여
하늘로부터 나타나나니.

롬 1:28

또한 그들이 마음에 하나님 두기를 싫어하매
하나님께서 그들을 그 상실한 마음대로 내버려 두사
합당하지 못한 일을 하게 하셨으니.

롬 1:32

그들이 이 같은 일을 행하는 자는 사형에 해당한다고 하나님께서 정하심을 알고도
자기들만 행할 뿐 아니라 또한 그런 일을 행하는 자들을 옳다 하느니라.

제가 로마서 1장에서 이 세 절을 선택한 것은 죄에 대해, 특히 죄의 본질적 속성에 대해 생각해 보기 위해서입니다. 우리는 일종의 논리적 필연성에 따라 죄를 살펴보기에 이르렀습니다. 앞서 인간은 본성상 하나님을 갈망하지 않고 하나님께 대적한다는 것을 살펴보았습니다. 도덕적 개혁을 위한 제안과 계획은 인류의 문제를 해결하기에는 역부족이라는 것도 살펴보았습니다. 왜 그렇습니까? 인간 본성의 어떤 측면이 이런 문제를 일으킵니까? 우리는 죄의 교리를 확실히 직면하지 않고서는 이러한 질문에 답할 수 없습니다.

분명한 사실은, 죄의 교리가 모든 교리 중에서 가장 뜨거운 논란이 되고 있다는 것입니다. 이는 전혀 놀랄 만한 일이 아닙니다. 왜냐하면 이것이 모든 인간의 문제 가운데 가장 핵심적인 문제이기 때문입니다. 이것보다 더 많이 경멸과 비웃음과 조롱의 대상이 된 주제는 없습니다. 이것만큼 사람들이 멸시하는 교리는 없습니다. 이것만큼 격한 감정과 증오를 일으키는 문제도 없습니다. 이렇게 논란이 되는 이유는 두 가지입니다. 첫째, 죄에 대한 기독교 교리가 옳고 그것이 진리라면, 현대인의 인간론 기반 자체가 완전히 무너지기 때문입니다. 둘째, 죄의 교리를 인정하면, 성경에 나타난 기적적이고 초자연적인 구원의 필요를 인정해야 하기 때문입니다. 그러므로 죄의 교리를 두고 가장 극심하고 격렬한 논쟁이 일어나는 것은 놀랄 일이 아닙니다.

앞의 경우와 마찬가지로, 이 문제를 살펴볼 때 우리는 논리적 흐름을 따를 것입니다. 이 문제의 핵심 사안은, 지난 100년 동안 죄에 대한 일반적인 개념이 그 이전과는 완전히 달라졌다는 사실입니다. 현대의 개념들에 대해 어떤 판단을 하기에 앞서, 인정해야 할 사실이 있습니다. 이 개념들에 한 가지 공통된 흐름이 있다는 것입니다. 이 개념들은 하나의 분명한 패턴을 이루고, 하나의 일반적인 틀을 만듭니다.

핵심 개념은 인간의 존재, 본성, 기원, 발전 등에 대한 관점이 근본적으로 변했다는 것입니다. 현대의 한 작가는 이 같은 변화를 정확하게 지적했습니다. 그에 따르면, 미래의 역사가들이 지난 100년을 연구할 때, 진화론이 출현하면서 죄에 대한 교리가 퇴색하고 사라졌다는 것을 확인하게 될 것이라고 합니다. 이것이 기본적 입장입니다. 인간에 대한 새로운 관점은 필연적으로 인간의 행동에 대한 관점들을 변화시킵니다. 그 변화가 죄의 문제처럼 명확히 드러나는 것도 없습니다.

현대의 이론은, 인간에게 아무런 문제가 없다거나 인간이 완벽하다고 말할 정도로 어리석지 않습니다. 인간의 행동만 보아도 그런 주장을 할 수 없습니다. 인간은 해서는 안 될 일을 저지릅니다. 자기 자신과 사회의 이익에 반하는 일들을 행합니다. 또한 자신이 마땅히 살아야 한다고 믿는 삶도 살지 못합니다. 개인의 삶뿐 아니라 전쟁과 같이 공동체적인 삶에서 발견되는 사실들도 반드시 직면하고 살펴봐야 합니다. 인간의 삶에는 이미 변화가 일어났습니다. 현대의 인간관은 이 사실들을 부정하지 않습니다. 그러나 이 사실들을 평가하고 그것들의 근원을 설명할 때는 과거의 관점과 완전히 다른 양상을 보입니다. 이에 대해서는 앞으로 더 자세히 살펴보겠습니다. 과거에는 죄를 의도적인 행위로 이해했습니다. 죄를 인간의 삶에 침투해 인간으로 하여금 타락하게 하고 새로운 문제를 일으키는 것으로 이해했습니다. 이 관점에 따르면 인간은 완전한 상태로 출발했지만 죄가 들어옴으로 인해 그 상태에서 타락했습니다. 그러나 새로운 관점은, 인간이 동물에서 진화하고 발전한 것으로 이해합니다. 이 관점은 인간의 흠과 실패를 설명하는 과거의 관점을 전혀 수용하지 못합니다. 이를 단호히 거부합니다. 이 새로운 관점은 나름의 이론과 설명을 제공합니다.

여기서 이 관점을 자세히 살펴볼 수는 없습니다. 그러나 이 관점의 몇 가지 공통된 양상들은 반드시 짚고 넘어가야 합니다. 어떤 것은 매우 철학적이고, 어떤 것은 매우 실제적입니다. 철학적 관점은, 과거에 죄라 칭했던 것을 필연적 반작용이라고 설명합니다. 죄를 삶의 한 부분으로 보는 것입니다. 죄는 악이라기보다는 구체적인 재능들이 활용되고 개발되도록 하기 위해 삶이 제공하는 일종의 저항이라는 것입니다. 죄를 지적이고 도덕적인 근력을 기르는 아령 정도로 이해합니다. 또는 인간이 전진하기 위해 제거해야 할 저항 정도로 이해합니다. 죄는 성장을 위한 필수 요소입니다. 나쁜 것이 아니라 무척 요긴한 것입니다.

발전하는 도덕의식에 대해 저급한 본성이 거역하는 것으로 죄를 보는 관점도 있습니다. 이 관점 또한 죄가 악하거나 잘못된 것은 아니라고 주장합니다. 인간이 동물적 본능을 가지고 있기 때문에 싹트고 자라 가는 도덕의식에 대항하는 것일 뿐이라고 주장합니다. 말하자면, 인간성과 동물적 본능 간의 갈등인 것입니다. 동물적 본능은 **그 자체로** 나쁜 것은 아니지만, 인간이 통제해야 할 상황을 동물적 본능이 다스리도록 할 경우에는 나쁜 것이 된다는 주장입니다.

또 다른 관점은 약간 다른 방식으로 설명합니다. 죄를 일종의 부정적 상태로 봅니다. 긍정적이고 실제적인 상태가 아니라 부정적인 상태라고 설명합니다. 이는 긍정적 자질이 부족하고 다 자라지 못한 상태를 말합니다. 죄는 저급한 성향이 발현되는 것이 아니라 고상한 성향이 제 역할을 하지 못하는 것입니다. 따라서 인간을 나쁘다고 말해서는 안 되고, 좋지 못하다고 해야 합니다. 죄는 부정적 상태입니다.

죄를 지식이나 교육의 문제로 해석하는 관점도 존재합니다. 이 관점에 따르면, 저급한 본성이 지나치게 영향력을 행사하고 고상한 성향이 제 역할을 감당하지 못하는 것은, 지식과 훈련과 교육이 부족하기 때문입니다. 인간이 자라난 환경 때문입니다. 따라서 이 관점은 죄를 주택 공급과 교육의 문제로 봅니다. 이 문제를 해결할 유일한 필요조건으로 빈민가 정비 계획과 교육 제도를 주장합니다.

이 밖에도, 죄에는 아무 잘못된 것이 없다고 보는 관점을 비롯해 다양한 관점들이 있습니다. 하지만 이 관점들을 지금 언급할 필요는 없습니다. 주요 관점들은 이미 살펴보았습니다. 이 관점들은 같은 패턴을 가지고 있습니다. 같은 핵심 개념에 기초합니다. 그 핵심 개념은 이렇습니다. 죄는 전혀 심각한 문제가 아닌데 조상들이 극도로 과장해 놓았다는 것입니다. 그 결과 인간 스스로를 비참하고 불행하게 만들었을 뿐 아니라, 그들의 영향을 받는 사람들도 그렇게 만들었다는 것입니다. 과거의 관점은 우리를 끊임없이 병리현상, 내적 성찰, 심지어는 낙심으로 끌고 갔습니다. 인간 진화의 필연적인 과정으로 조용히 넘어가도 될 문제를 크게 확대해서 심각하게 만들었습니다. 단지 영적 성장통에 불과한 것을 부풀려서 끔찍한 질병처럼 만들었습니다. 생리작용과 생의 발달과정의 자연스런 적응을 병리적 상태로 인식했습니다. 삶 전체가 침울하고 답답했습니다. 사람들은 속박과 노예생활을 경험했습니다. 그러나 현대의 개념은 이와 전적으로 다르다고 말합니다.

새로운 관점은 죄를 활동적인 힘이나 영향력으로 보지 않습니다. 죄가 인간과 별도로 독립적으로 존재한다고 생각하지 않습니다. 인간이 진선미에 대해 제대로 배우지 못해서 나타나는 문제라고 봄니다. 죄는 단지 과거의 유물이고, 부정적인 단계일 뿐입니다. 죄는 독립적인 존재가 아닙니다. 어린아이가 아직 어른이 되지 못했거나, 동물이 아직 온전한 인간이 되지 못한 미성숙한 상태일 뿐이라는 말입니다.

이 관점의 또 다른 특징은, 인간을 스스로 책임질 수 있는 존재로 보지 않는다는 점입니다. 책임은 항상 상황과 환경 또는 그 사람이 가지고 있던 기회에 있다고 생각합니다. 책임이 인간에게서 분리되었습니다. 경제적 조건, 가정생활, 성장환경, 때로는 육체적 특성에 책임이 전가되었습니다. 인간이 실패할 경우 동정만 해주면 됩니다. 죄인에게 좋게 말해 주고, 그것이 개인이든 근대 독일 같은 나라든 격려해서 착하고 고상하게 살도록 도와주면 됩니다. (마침 이런 태도를 완벽하게 보여주는 실례가 있습니다. 현재 독일의 태도가 바로 그 예입니다. 독일은 죄가 없다고 생각하고, 현재의 모든 문제는 베르사유 조약 때문에 발생했다고 생각합니다.) 이 같은 현대적 관점과 관련해 가장 중요한 사실이 있습니다. 이 관점은 하나님이 보시는 죄에 대해서는 한마디도 언급하지 않습니다. 이 관점은 **죄책**guilt이라는 단어를 절대 사용하지 않습니다. 죄가 근본적으로 죄과transgression임을 거의 인식하지 못합니다.

죄에 대한 성경의 관점은 이와 비교할 때 모든 면에서 반대가 됩니다. 함께 정리해 보겠습니다. 성경은 처음부터 죄가 인간의 발전 과정의 일부가 아니라고 말합니다. 죄는 인간 밖에서부터 유래한 것이고, 인간과 별개로 존재할 수도 있고, 실제 존재했던 것입니다. 죄는 원래 인간 안에 존재한 것이 아닙니다. 인간 밖에서부터 들어온 것입니다. 따라서 인간의 관점으로만 죄를 설명하려고 한다면 어떤 관점도 적절하거나 충분할 수 없습니다. 실제 경험이 이 사실을 어떻게 뒷받침하는지 본다면 설명이 더 용이할 것입니다. 우리는 경험을 통해 다음과 같은 사실을 알고 있습니다. 곧 우리 아닌 다른 힘이 우리에게 작용하고 영향을 끼친다는 것입니다. 우리와 갈등하고 투쟁하는 힘이 존재하며, 우리가 극복하고 해체해야 할 힘이 있습니다. 주님이 시험당하시던 장면에서 이 사실을 가장 잘 볼 수 있습니다. 어떤 시험도 주님 안에서, 또는 주님의 본성으로부터 나올 수 없습니다. 그분은 완전하신 분이기 때문입니다. 죄를 유발시키는 시험은 전적으로 외부에서 온 것입니다.

그러나 죄가 단지 독립적으로 존재하는 힘이라고 말하는 것으로는 충분하지 않습니다. 죄는 강력하고 무서운 힘입니다. 죄는 악마적 속성을 가지고 있습니다. 죄는 끔찍한 불치병과 같습니다. 죄는 분명한 영적 실체입니다. 적극적 자세와 활동력과 힘을 가지고 있습니다. 더 나아가, 인간이 죄를 자신의 삶에 들어오게 허락하면 죄는 그의 삶에 깊고도 강력하게 영향을 끼치는 존재가 됩니다. 죄는 가볍거나 상대적으로 사소한 존재가 아닙니다. 죄는 흔적 기관과 같은 존재가 아닙니다. 인간과 인간 본성의 일부에만 영향을 끼치는 것이 아닙니다. 죄는 인간의 본성 깊은 곳에 자리를 잡고 우리의 일부가 되었습니다. 지성과 욕구와 의지에 이르기까지 우리의 존재 전체가 영향을 받습니다. 참으로 죄는, 하나님도 오직 그리스도 안에서만 해결할 수 있는 심각한 문제가 되었습니다.

미래를 계획하기에 앞서, 이 두 개의 관점 중 무엇이 옳은지를 명확히 하는 것이 너무 중요합니다. 죄의 문제를 가볍게 생각할 수 있습니까? 인간과 삶에 대해 낙관론을 가질 수 있습니까? 우리가 "죄"라고 부르는 것은 인간이 계속 진보하면 점차 벗어 버리고 잊어 버릴 수 있는 것입니까? 저급하고 동물 같은 본성은 퇴색하고 썩어서, 고상한 인간성이 발전하고 성장할 수 있습니까? 이 질문들에 대한 대답은 매우 중요합니다. 지난 세기의 역사만 보아도 이 질문들에 대한 답을 찾을 수 있습니다. 당시는 낙관론이 유행하고 그 원칙이 교육과 사회 등 삶 전반에 적용되던 시대였습니다. 이 시대를 분석해 보면 죄를 가볍게 여기는 관점이 얼마나 철저하게 틀렸는지 알게 됩니다. 사실 이 세상의 현재 상태만 보아도 그 자체로 충분한 답이 됩니다. 그러나 우리는 그런 방식으로 답을 찾지 않을 것입니다. 그 이유는 두 가지입니다. 첫째, 낙관적 기질과 성향은 실제 사실에 거의 영향을 받지 않기 때문입니다. 미커버 씨^{Mr. Micawber}* 같은 낙관론자는 모든 계획이 수포로 돌아가고 모든 낙관적 예언과 예측이 실제 사건에 의해 허구로 드러나도, 여전히 평정을 잃지 않고 꿈꾸던 것이 "나타나기"만을 기다립니다. 그렇지 않았다면 지난 전쟁과 그 결과만으로도 충분히 깨닫고 정신을 차렸을 것입니다. 그러나 명확한 사실에도 불구하고, 낙관론자들은 이 관점을 집요하게 고수합니다. 둘째,

---

* 찰스 디킨스(Charles Dickens)의 소설 『데이비드 카퍼필드』(*David Copperfield*)에 등장하는 낙천주의자.

행실과 행동의 이면에 존재하는 원리를 다루는 것이 언제나 더 나은 방법이기 때문입니다. 원리가 잘못된 것으로 드러난다면, 그 원리에서 비롯되는 것들은 반드시 잘못된 것입니다. 성경에 따르면 죄에 빠진 인생은 재난을 맞게 되어 있습니다. 죄에 빠진 인생은 재난을 겪지 않더라도 그 본질과 특성상 잘못된 것입니다.

따라서 우리는 본문에서 사도 바울이 죄에 대해 말한 내용을 진지하게 생각해야 합니다. 아마도 죄와 죄가 드러나는 방식에 대해 이보다 더 철저하고 두려운 분석은 없을 것입니다. 바울은 한 치의 양보도 하지 않습니다. 과도하게 눈길을 끌려고도 하지 않습니다. 그는 이 진리를 담대하면서도 간결한 스타일과 문체로 진술합니다. 그는 죄에 대한 어떤 환상도 남기지 않으려고 이 끔찍한 일을 철저하고 완전하게 드러낼 작정을 한 것 같습니다. 그럼에도 불구하고 그는 역겨운 것을 상세히 나열하기를 즐기는 사람들의 타락한 취향에 빠지지 않습니다. 지금까지 유행했던 소설이나 문학과는 확실히 대조가 됩니다. 하나님께서는 우리가 그분의 가르침을 전할 때, 이 같은 주의를 기울이기 원하십니다.

바울이 죄에 대해 말하고자 한 것을 다음 세 가지 표제로 정리해 볼 수 있습니다.

첫 번째 핵심 원리는 **죄가 고의적**이라는 것입니다. 바울은 복음을 영광스럽게 선포하다가 18절에서 복음의 다른 측면을 살핍니다. 그는 하나님의 의가 믿음에서 믿음으로 나타난 것처럼, "하나님의 진노가 불의로 진리를 막는 사람들의 모든 경건하지 않음과 불의에 대하여 하늘로부터 나타난다"는 사실을 우리에게 상기시킵니다. 그는 곧장 죄의 핵심을 공격합니다. "하나님의 진노가 불의로 진리를 막는 사람들의 모든 경건하지 않음과 불의에 대하여 하늘로부터 나타나나니." 그는 바로 죄의 고의성을 부각시킵니다. 그는 28절에서 이를 다시 언급합니다. "그들이 마음에 하나님 두기를 싫어하매." 개역성경$^{Revised Version}$에 따르면, "그들이 지식에 하나님 두기를 거부하기까지 하며"라고 표현되어 있습니다. 또는 "그들이 하나님을 인정하지 않기까지 하며"라고 번역되기도 합니다. 그러므로 하나님은 "그들을 그 상실한 마음대로 내버려 두"셨습니다. 죄목은 같습니다. 마지막으로 32절에서 말합니다. "그들이 이 같은 일을 행하는 자는 사형에 해당한다고 하나님께서 정하심을 알고도 자기들만 행할 뿐 아니라 또한 그런 일을 행하는 자들을 옳다 하느니라."

위의 세 구절은 우리에게 죄의 본질, 특히 죄의 고의성이라는 요소를 말해 줍니다. 자신이 처한 환경이나 처지로 인해 죄의 피해자가 되었을 뿐 죄인은 아니라는 관점과는 완전히 다릅니다. 자기 존재가 부정적 상태에 있을 뿐이라는 관점과는 판이하게 다른 것입니다. 죄가 실재하기보다는 진정한 수준에 도달하지 못한 상태라는 생각과 얼마나 다릅니까! 또는 죄가 지식이나 훈련이 부족해서 생기는 문제라고만 치부하는 생각과 얼마나 다릅니까! 죄악은 전적으로 확실하게 실재하는 것입니다. 죄는 적극적이고 호전적입니다. 사도 바울은

18, 28, 32절에서 죄악이 표현되는 세 가지 단계를 보여줍니다.

첫 번째 단계는, 인간이 자신의 마음에 또는 자신의 지식에 "하나님 두기를 싫어하"는 단계입니다[28절]. 사람들은 하나님을 아는 지식에서 시작했지만 이 지식을 버리기로 했습니다. 그들은 그 지식을 인정하지 않습니다. 단지 어떤 기준에 이르지 못한 정도가 아닙니다. 의도적으로 기준을 받아들이기 거부하는 것입니다. 과녁을 못 맞춘 정도가 아닙니다. 과녁을 전혀 겨누지 않는 것입니다. 과녁을 삶의 기준과 목적으로 인정하지 않는 것입니다. 그들은 의도적으로 하나님을 그 보좌에서 끌어내리고 하나님이 요구하시는 삶의 방식을 완전히 버렸습니다. 인류 역사의 초기에 인간이 그러했듯이, 이 시대의 인간도 똑같은 행동을 하고 있습니다. 한때 우리나라에는 종교적 배경과 전통이 존재했습니다. 인생과 생활방식이 하나님에 대한 믿음에 기초했던 적이 있었습니다. 사실 오늘날 대부분의 사람들은 이 관점을 알고 있습니다. 누구나 어느 순간에는 이 관점을 생각해 보기 마련입니다. 따라서 오늘날 대부분의 사람들이 살아가는 관점대로 살아가려면, 먼저 이 관점을 의도적으로 거부해야 합니다. 사람들은 이 관점이 잘못되고, 어리석고, 구식이라고 결론을 내립니다. 그들은 이 관점을 거부하고 정반대의 삶을 선택합니다. 대다수의 사람들이 이런 반역을 부인하지 않습니다. 오히려 그렇게 했다는 것을 자랑스러워합니다. 그들은 자신들이 무엇을 하는지 정확히 알고 있습니다.

두 번째 단계는, 인간이 하나님께서 이런 반역에 대해 어떻게 말

쓸하셨는지를 "알고도 자기들만 행할 뿐 아니라 또한 그런 일을 행하는 자들을 옳다"고 하는 단계입니다[32절]. 여기서 인간의 반역하는 태도가 드러납니다. 죄악과 잘못된 행동이 부정적이고 동물적 본성에 남아 있어서 나타나는 것이 아닙니다. 앞으로 닥칠 결과에 대해 아무리 경고해도, 인간은 어떤 대가를 치르더라도 계속해서 죄를 범합니다. 이것을 보면 인간의 죄악이 가진 반역적 특성이 증명됩니다. 건강을 상실하거나 재물을 잃는다 해도, 인격이 손상되고 기준을 떨어뜨린다 해도, 심지어 자신의 영원한 운명이 위험에 빠진다 해도 사람들은 여전히 죄를 범합니다. 더 심각한 것은 사람들이 죄 자체를 즐기는 것입니다. 죄와 죄를 즐기는 방법에 대해 말하고 농담하며 쾌락을 느낍니다. 그들이 부끄러운 줄 안다면, 죄가 부정적 상태라고 주장하며 최소한 진리를 흉내라도 내야 합니다. 하지만 그들은 오히려 자신의 죄를 자랑합니다. 죄에 대해 얘기하고 다른 이들도 똑같이 하도록 부추깁니다. 신문을 읽거나 라디오를 들어 보면 이런 특성이 생활에 얼마나 정확히 드러나는지를 알 수 있습니다.

세 번째 단계는, 인간이 "불의로 진리를 막는" 단계입니다[18절]. 이것이야말로 죄의 영향력과 죄의 고의성을 결정적으로 드러내는 증거입니다. 비록 사람들이 하나님을 믿지 않고, 하나님과 그분의 방식을 자기 삶에서 버리기로 결심하고, 만용을 부리며 죄의 결과를 무시하고 다른 삶을 좇아간다고 해도, 하나님과 진리의 문제가 정리된 것이 아닙니다. 진리는 계속해서 그들을 따라다닙니다. 진리는 자신의 존재를 각인시키고 그들로 하여금 염려하게 만듭니다. 진리가 가장 분명하게 나타나는 방식은 물론 양심을 통해서입니다. 양심은 경고하고 책망하고 금지하는 일을 합니다. 진리는 정적이거나 생명력이 없는 것이 아닙니다. 진리는 실제로 우리 안에 있습니다. "참 빛 곧 세상에 와서 각 사람에게 비추는 빛"이 있습니다^{요 1:9}. 이것이 바로 자책감 또는 양심의 가책입니다. 양심의 가책은 질병이나 죽음이나 전쟁 등에 직면한 특정 시기에 더욱 두드러집니다. 진리는 우리를 추적하며 근심케 합니다. 인간이 무지한 것이 아닙니다. 인간은 선과 악, 옳고 그름 사이의 차이를 알고 있습니다. 이 지식이 항상 그를 직면하게 하고 그를 근심하게 합니다. 인간은 이 가책을 어떻게 해결합니까? 사도 바울은, 인간이 이 가책을 억누르고 막고 온 힘을 다해 싸워 죽이려 한다고 말합니다. 인간은 자기 안에서 역사하는 진리의 숨통을 조이려 합니다. 사람들은 무궁무진한 방식으로 진리를 억누르려고 합니다. 그들은 진리에 대해 논쟁하고 설득해서 이기려고 합니다. 진리가 요구하는 것을 거부하고 자신의 잘못된 행동을 합리화하려고 듭니다. 그들은 심지어 심리학이라는 수단을 통해 양심 자체를 재해석해 버립니다. 양심의 목소리를 틀어막고 양심의 책망을 잠재우기 위해 무엇이든 하려고 합니다. 논쟁, 부정, 설득이 먹혀들지 않으면, 인간은 의도적으로 더욱 죄악에 빠져듭니다. 더욱 죄를 범하며 그것에 빠져 죽으려 합니다. 그들은 생각하고 따져 볼 시간을 의도적으로 갖지 않습니다. 그들은 의도적으로 진리를 회피하고 전력을 다해 자신에게서 진리를 감추려고 듭니다. 그들은 묻습니다. "왜 멈추나요? 생각하면 고통스럽고 혼란스러운데 왜 생각을 합니까?" 따라서 그들은 자신의 불의를 위해 진리를 막습니다. 또 자신의 불의를 사용해 진리를 막습니다. 인류의 문제는 진리를 충분히 모르기 때문에 생기는 것이 아닙니다. 인류는 고의적으로 진리를 부정합니다. 진리의 방향으로 나아가는 것이 느리고 수고스럽기 때문이 아닙니다. 인간은 아예 반대방향으로 가기를 선호합니다. 인간의 문제는 빛이 부족한 것이 아닙니다. "사람들이 자기 행위가 악하므로 빛보다 어둠을 더 사랑한 것"입니다^{요 3:19}.

두 번째 핵심 원리는, **죄가 도덕을 손상시키고 타락하게 한다**는 것입니다. 21-23절과 25절에서 이 사실이 가장 명확히 드러납니다. 바울은 모든 것을 이렇게 요약합니다. "이는 그들이 하나님의 진리를 거짓 것으로 바꾸어 피조물을 조물주보다 더 경배하고 섬김이라. 주는 곧 영원히 찬송할 이시로다. 아멘"^{25절}. 앞서 살펴보았듯이, 인간이 하나님 예배하기를 의도적으로 포기했기 때문에 인간은 핑계할 수 없습니다. 그러나 이뿐만이 아닙니다. 죄와 죄의 영향력처럼 사도 바울의 의분을 자극하는 것이 또 있습니다. 인간이 하나님과 종교를 버린 채 예배하기를 완전히 그만두게 되면, 상황은 상당히 심각한 것입니다. 그러나 사실은 이보다 더 심각합니다. 죄는 고의적일 뿐만 아니라 도덕을 실추시키는 결과를 가져옵니다. 죄는 근본적으로는 타락한 것이기 때문입니다. 인간은 하나님을 버린 후에도 종교성과 예배를 계속 유지하기도 합니다. 인간은 자신을 위해 다른 신들을 만들고, 더 나아가 그들을 예배합니다. 인간이 만든 새로운 신들의 특징은 무엇일까요? 바울은 포괄적인 목록을 제공하지는 않습니다. 그렇게 하기는 불가능할 것입니다. 목록이 셀 수 없이 많기 때문입니다. 그러나 바울은 다음과 같은 말로 믿음 없는 세상을 묘사했습니다. "썩어지지 아니하는 하나님의 영광을 썩어질 사람과 새와 짐승과 기어 다니는 동물 모양의 우상으로 바꾸었느니라"[23절]. 더 나아가 "피조물을 조물주보다 더 경배하고 섬김이라"고 말합니다. 조상, 태양, 달, 별, 네 발 짐승, 새, 나무, 바위, 마술 등을 숭배하는 이교도적 현상을 그렇게 요약한 것입니다. 인간은 썩어지지 아니하는 하나님의 영광을 버리고 이 같은 것들로 옮겨 갔습니다. "조물주"를 버리고 "피조물"에게로 갔습니다. 무슨 말을 더 하겠습니까? 얼마나 큰 추락입니까! 기준이 얼마나 낮아졌습니까! 얼마나 저열해졌습니까!

바울이 이처럼 거칠게 말한 이유는, 이 모든 것이 이른바 지혜라는 이름으로 이루어졌기 때문입니다. 그들은 자기 지혜를 뽐내고 자랑합니다. 자신들의 진보에 대해 우쭐해 합니다. 왜 그럴까요? 바울은 그 이유를 아주 정확하게 설명합니다. 죄는 왜곡시키고 타락시키는 힘이라고 말합니다. 그 힘의 작용으로 우리의 생각과 마음이 어두워지고, 우리가 어리석게 된다고 합니다. "어리석게 되어"라는 말은 "그들이 바보가 되어"라는 말로 번역되기도 합니다.

이것이 바울의 시대에 사실이었다면, 오늘날에도 동일하게 사실입니다. 지난 100년 동안 인간은 하나님에 대한 예배를 버리고 뭔가 새롭고 독창적인 것을 하고 있다고 생각했습니다. 이러한 인간의 노력을 생각하면 안타까울 뿐입니다. 사실은 그들이 옛 이야기를 반복하고 있기 때문입니다. 가장 세부적인 내용까지 완벽하게 재현하고 있기 때문입니다. 인간이 진보와 계몽, 지식과 이해, 압제와 노예생활로부터의 탈출, 자유와 해방의 미명 아래 종교를 버려 온 모습에서 이런 경향이 가장 잘 드러납니다. 그것이 종교를 비웃는 이성의 상징처럼 되었습니다.

이것이 바로 오늘날 사람들의 주장입니다. 그러나 실상은 무엇입니까? 역시 옛 이야기의 동일한 반복일 뿐입니다. 바울이 말한 것과 다를 바가 없습니다. 여전히 타락시키는 죄의 영향력이 도덕적으로뿐 아니라 지적으로도, 현실뿐 아니라 이론적으로도 명확하게 드러나고 있습니다. 이러한 실상을 다음과 같은 맥락에서 살펴보겠습니다.

오늘날 인간이 섬기는 우상들, 특히 지난 20년 동안의 우상들을 생각해 보십시오. "우상"과 "섬긴다"는 단어로 표현한 것은 참으로 적절한 것입니다. 이 우상은 인간이 목표로 삼은 신입니다. 자기 시간과 에너지와 돈을 기꺼이 바치는 대상입니다. 자신을 자극하고 일깨우며, 흥분시키고 열정을 갖게 하는 대상입니다. 사람은 이 우상을 위해 삽니다. 이 우상에 의해 통제됩니다. 이 우상을 위해 모든 것을 기꺼이 희생하려고 합니다. 현대의 우상들은 무엇입니까? 가장 먼저, "인간" 자신입니다. 지난 2, 3년 동안은 이 우상이 명확하게 드러나지 않았을 수도 있습니다. 그러나 그 이전에는 인간과 인간의 능력에 대해 무한대의 믿음이 있었습니다. 인간에게 불가능한 것은 없다고 믿었습니다. 하나님에 대한 믿음을 버릴 수 있는 이유도 여기에 있습니다. 그 믿음이 인간에게 모욕이 되고 인간에게 제약을 주기 때문입니다. 이러한 생각은 여러 방법으로 표현되어 왔습니다. 나치, 볼셰비키와 같은 인종, 혈연, 국가에 대한 경배는 바로 이 믿음의 궁극적 표현입니다. 저는 때로 사람들이 영국을 숭배하는 것을 보며 경악합니다. 오늘날 볼 수 있는 영웅주의도 규범이나 전통을 숭배하는 결과로 생긴 것에 불과합니다. 사람들이 섬기는 또 다른 우상에는 돈과 부, 이것으로 살 수 있는 집이나 자동차, 사회적 지위나 직위 같은 것이 있습니다. 문자 그대로 자녀들을 숭배하는 부모들도 있습니다. 한때는 많은 사람들이 몸과 육체적 건강을 숭배하는 데로 몰리기도 했습니다. 신문을 보면 점성술이 다시 유행하는 것이 분명합니다. 게다가 지난 전쟁을 기점으로 많은 이단들이 번성하고 있습니다. 신비한 체험이나 특별한 계시를 강조하는 신지학theosophy과 크리스천 사이언스, 우리 자신을 믿고 신뢰하라는 많은 심리학적 가르침들이 확산되었습니다. 저는 애완동물을 키우는 일이 사실은 종교행위라고 설명하는 매우 흥미롭고도 도발적인 글을 읽었습니다. 행운을 비는 마스코트를 사용하는 것은 그저 언급만 하겠습니다. 사람들이 이런 우상들을 바라고 섬기고 있습니다. 그러면서도 그들은 유일하게 참되고 살아 계신 하나님을 섬겼던 자기 부모나 조상들보다 자신이 우월하다고 자랑하며 우상을 섬기고 있습니다. 여기에 무슨 설명을 덧붙이겠습니까?

하나님을 믿고 그분을 경배하던 시절과 비교해서, 현재의 사람들이 시간을 어떻게 보내는지 살펴보십시오. 여기서도 우상 숭배적 특성이 관찰됩니다. 죄의 심각성은 두고라도, 저는 우상 숭배를 혐오하고 그것에 저항합니다. 우상 숭배는 인간을 모독하기 때문입니다. 인간의 모든 능력, 특히 그의 최고의 능력을 타락시키기 때문입니다. 인간이 하나님을 믿을 때 그들은 자신을 개발하고 발전시키는 데 시간을 보냈습니다. 그들은 자신의 지성을 개발하려고 노력했습니다. 구할 수 있는 가장 좋은 책을 찾아 읽었습니다. 그들은 신학과 정치 등 지성의 활용을 요구하는 주제들로 대화했습니다. 저는 특정 계층이나 도시 사람들만을 염두에 두고 말씀드리는 것이 아닙니다. 그것은 도시나 농촌 할 것 없이 일반적으로 나타나는 현상이었습니다. 오늘날의 사람들과 비교해 보면 참담한 마음이 듭니다. 현대인들은 신문과 정기간행물을 읽으면서 다른 사람들의 생각을 스스로 확인하지 않고 받아들입니다. 그들은 라디오를 듣거나 영화를 보면서 시간을 보냅니다. 그들의 대화와 토론의 주제는 주로 스포츠나 도박입니다. 정치에 대한 관심도 시들해졌습니다. 무관심이 심해져 이 나라에 일찍이 없었던 어리석고 나태한 정치인들이 오랫동안 자신들을 통치해도 방치한 채 살고 있습니다. 그래서 최근에 전쟁이 발생한 이유가, 오늘날 대다수 사람들이 게으르고 편안함과 쾌락을 사랑하기 때문이라는 주장이 나옵니다. 이 주장은 충분한 타당성이 있습니다. 50-60년 전만 해도 유럽 대륙을 떠들썩하게 했을 법한 범죄가 발생해도, 이제는 대규모 시위는 고사하고 논평 한마디 없이 지나갑니다. 도덕적으로뿐만 아니라 지적으로도 우리는 비극적인 퇴보를 경험하고 있습니다. 이 퇴보는 "영원히 찬송할 이"이신 "조물주보다 피조물"을 더 경배하고 섬기기 때문에 필연적으로 생겨난 결과입니다.

세 번째 핵심 원리는 **죄가 역겹다**는 것입니다. 바울은 역겹다는 말만으로 성에 차지 않았습니다. 그래서 당시 삶의 모습을 예로 들어 설명합니다. 바울은 당시 사람들이 저지르고 탐닉하던 추악하고 더러운 죄악의 목록을 언급합니다. 변태행위들, "불의, 추악, 탐욕, 악의, 시기, 살인, 분쟁, 사기, 악독, 수군수군하는 것, 비방, 하나님께서 미워하시는 것, 능욕, 교만, 자랑, 악을 도모하는 것, 부모를 거역하는 것, 우매함, 배약, 무정함, 무자비함"을 언급합니다[29-31절 참조]. 정말 끔찍하고 역겨운 목록입니다. 이 목록을 더 세분화할 수도 있습니다. 그러나 제가 여러분께 원하는 것은 이 모든 것이 얼마나 추하고 역겨운지를 보는 것입니다. 성적 탐닉과 변태행위만 역겨운 것이 아닙니다. 탐욕, 악의, 시기, 사기, 악독, 수군수군하는 것, 비방, 자랑하는 것 등도 모두 똑같이 역겹습니다. 이것들 가운데 어떤 것은 크게 부끄러워할 만한 것이 아니라고 지나칠 수도 있습니다. 그러나 바울이 말하는 추잡하고 "불 일듯"하는 욕정과 혈기도 우리 안에 분명히 존재합니다. 뒤틀리고 왜곡된 심사, 시기와 질투, 혈기와 정욕, 사람들이 사회적으로 또는 모든 측면에서 서로를 파괴하려고 하는 모습들을 볼 때, 죄를 가볍게 여기는 것이 얼마나 무모하고 부당한 일인지를 알게 됩니다. 이 모든 것을 한마디로 요약하면 역겨운 것입니다.

바울의 목록이 당시뿐 아니라 오늘날의 상황을 정확히 묘사했음을 기억합시다. 오늘날에 만연한 문란한 성생활, 외도, 이혼, 도덕적 혼란을 일으키는 성도착적 태도에 대해 어떻게 이보다 더 완벽하게 묘사할 수 있겠습니까? 삶이 요란하고 추해졌습니다. 고상함과 절제는 나약함과 미성숙의 표지처럼 여겨지고 있습니다. 모든 것이 자기표현이라는 미명 아래 정당화됩니다. 더욱 짐승처럼 되어야 더 완벽해진다고 말합니다. 도덕의식 자체가 위축되었습니다. 다음과 같은 예레미야의 말은 오늘날 우리를 두고 하는 말입니다. "그들이 가증한 일을 행할 때에 부끄러워하였느냐. 아니라. 조금도 부끄러워하지 않을 뿐 아니라 얼굴도 붉어지지 않았느니라"렘 6:15. 무서운 정죄입니다! 우리는 얼굴도 붉히지 않을 정도로 수렁에 빠져 허우적대고 있습니다.

우리가 직면한 문제는 이처럼 심각합니다. 우리 안에는 끔찍하고 강력한 힘을 가진 "죄"가 있습니다. 죄는 우리와 하나님 사이를 갈라놓습니다. 죄는 우리로 하여금 하나님을 미워하게 하고, 동시에 우리를 타락하게 하고, 오직 역겹다고 할 수밖에 없는 것들을 행하게 만듭니다. 이 문제를 생각하고 토론할 때, 그저 이론적으로만 하는

마틴 로이드 존스
능력

72

것이 얼마나 안이한 자세인지 모릅니다. 장밋빛 안경을 쓰고 인생을
보는 것은 범죄행위입니다. 우리는 이 사실을 직면하고 이 문제의 본
질을 깨달아야 합니다. 그때 비로소 우리는 오직 한 능력만이 이 문
제를 다룰 만큼 넉넉하고 적절하다는 것을 알게 됩니다. 그것은 바로
하나님의 능력입니다.

죄의
속성

4.

하나님의
진노

롬 1:18

하나님의 진노가
불의로 진리를 막는 사람들의 모든 경건하지 않음과 불의에 대하여
하늘로부터 나타나나니.

로마서 1:18에서 사도 바울은 지금까지 찬양해 온 복음이 왜 필요한 지를 보여줍니다. 그는 복음의 특성을 설명하고, 복음의 유익을 얻을 수 있는 유일한 길도 제시합니다. 또한 자신이 복음을 선포하는 사역을 하면서 느끼는 긴박감에 대해서도 언급합니다. 그는 인간의 현실을 언급하면서 이 모든 설명을 시작합니다. 왜 복음을 선포하는 일이 그렇게 시급한 일입니까? 그 답은 "하나님의 진노가 불의로 진리를 막는 사람들의 모든 경건하지 않음과 불의에 대하여 하늘로부터 나타나"기 때문입니다. 왜 믿음이 구원의 핵심적인 전제 조건입니까? 바로 온 세상이, 유대인이나 이방인이나 똑같이, 하나님 앞에서 절망적인 죄인이기 때문입니다. 왜 이 상황을 해결할 수 있는 유일한 길이 하나님의 구원의 능력 외에는 없는 것입니까? 바로 죄 때문입니다. 죄 때문에 인간이 하나님 앞에서 죄인이 되었습니다. 죄 때문에 인간의 본성이 황폐해졌습니다.

　　사도 바울은 구원의 필요성을 설명하기 위해 가장 긴박하고 가장 핵심적인 사실에서부터 출발합니다. 바로 하나님의 진노입니다. 그는 이것을 하나의 사실로 전제하고 이어서 진노가 나타나게 된 이유를 짚어 봅니다. 앞 장에서 먼저, 하나님의 진노를 유발하는 이유들을 살펴보았습니다. 이 모든 것이 어떻게 필연적으로 하나님의 진노를 일으키는지를 보여주기 위해 먼저 인간의 현실을 설명하고 어떤 상태인지 살펴보았습니다. 설명의 순서를 그렇게 한 것은 이유가 있어서입니다. 그 때문에 각 경우를 반복해서 설명했습니다. 우리가 직면하고 있는 현실 속에는 필연적으로 하나님의 진노를 유발하는 새로운 요소가 있기 때문입니다. 로마서 1:32에서 바울이 말했듯이, 바울 시대의 문제는 인간이 하나님의 진노를 거부하거나 믿지 않은 것이 아니었습니다. 그 시대의 문제는, 그들이 하나님께서 죄와 잘못에 대해 심판하실 것을 알면서도 여전히 죄를 범했다는 점입니다. 같은 죄를 저지르는 자들을 보며 쾌재를 불렀다는 점입니다. 우리나라도 과거에는 이러했습니다. 그러나 지난 세기 동안 상황이 완전히 바뀌었습니다. 사람들이 교리를 인정하면서도 이를 무시하고 죄를 짓는 것이 아닙니다. 그들은 교리를 아예 부정하고, 반박하고, 더 나아가 전적으로 거부합니다. 이것이 바로 우리가 지금 다루고자 하는 상황입니다.

어떤 의미에서 우리는 여전히 죄의 문제를 다루는 셈입니다. 앞 장에서 죄와 인간의 문제를 다루었다면, 이번에는 하나님과 죄의 문제에 관심을 기울이려 합니다.

우리는 하나님의 진노에 대해 한 가지 양상에 주목해야 합니다. 이것은 지금까지 우리가 알던 것과는 약간 다릅니다. 도덕에 대한 잘못된 태도와 죄에 대한 부적절한 관점이 교회 밖 세상에 속한 사람들에게만 해당되는 특징이라고 말하는 것은 어느 정도 타당합니다. 그런데 교회 밖에 비해 더하지는 않겠지만, 교회 내에서도 거의 같은 상황이라고 생각합니다. 하나님의 진노와 이에 대한 인간의 태도라는 문제에 관해서는 말입니다. 개인적으로 저는 최근 교회가 권위를 잃어 가는 주된 요인 중의 하나가, 교회가 죄에 대한 교리로부터 점점 더 멀어지기 때문이라고 감히 말씀드립니다. 교회는 처음에는 입을 틀어막고 한동안 죄에 대한 교리를 전혀 언급하지 않았습니다. 그러나 이제는 공개적으로 그 교리를 비난하고 부인하고 있습니다.

죄에 대한 교리만큼 많은 사람들이 일반적으로 거부하는 교리는 없을 것입니다. 과거에는 많은 이들이 성경에 나온 죄에 대한 교리를 비웃었습니다. 그런데 이제는 이 죄의 교리를 수용하는 이들 가운데서도 상당수가 하나님의 진노에 대한 가르침을 완전히 부정합니다.

교회 밖의 사람들, 성경과 완전히 상치되는 인간관을 가진 이들에게는 이 교리가 실제적인 어려움을 주지 않습니다. 아주 쉽게 무시해 버리면 되기 때문입니다. 그들은 비교종교학과 인간의 발달에 관한 이론을 잘 갖추고 사람들에게 그럴 듯한 설명을 합니다. 이 교리는 인간 안에 있는 두려움의 본능이 살아남아 하나님에 대한 믿음으로 투영된 것에 불과하다고 말입니다. 원시적 인간의 유물에 불과하다고 말입니다. 인간이 너무나 무지해서 바른 삶을 살도록 강요받던 시절, 금기가 존재하던 시대의 잔재라는 것입니다. 실제로 어떤 이들은 심리학을 빌려 이 모든 것을 간단히 설명합니다. 랭던 브라운Langdon Brown은 『그러므로 우리는 인간이다』Thus We Are Men라는 책에서 아주 명확하고 단호하게 말합니다. 엄격하고 강압적이고 무자비한 빅토리아 시대의 아버지상이 점진적으로 사라지는 것과 비례해서, 하나님의 진노에 대한 믿음도 쇠퇴한다는 것입니다! 다시 말해, 과거의 사람들은 자기 아버지 때문에 얻은 콤플렉스를 하나님에 대한 믿음으로 투사했다는 것입니다. 이 관점이 얼마나 피상적인지는 설명할 가치조차 없습니다. 지나치게 방임하는 아버지를 두고도 하나님의 진노를 믿고 있는 이들의 무수한 사례를 인용하기만 해도 충분한 반론이 될 것입니다. 물론 아버지가 실제로 독재자여서 하나님의 진노를 철저히 배격하는 경우도 있습니다. 그러나 우리는 관점을 좀 더 깊은 차원에서 다루어야 합니다. 이러한 관점을 가진 사람들의 진정한 문제는, 그들이 실제로는 하나님을 전혀 믿지 않고 있는 데에 있습니다.

그러나 이 같은 경우 말고도 하나님의 진노를 완전히 거부하는 일이 많아지고 있습니다. 특히 종교에 깊은 관심이 있는 사람들에게서 그런 일이 발생합니다. 그들이 하나님의 진노를 거부하는 이유는, 하나님의 진노와 하나님의 사랑이라는 개념이 일맥상통하지 않는다고 느끼기 때문입니다. 그들은 하나님의 진노를 전적으로 부정하지는 않습니다. 하지만 그들이 확신하는 하나님의 사랑이라는 교리와 조화시킬 수 없다고 생각합니다. 어떤 이들은 더 나아가 진노라는 개념을 아예 부정합니다. 하나님의 진노에 대해 말하는 것은 하나님의 성품을 심각하게 왜곡시키는 것이라고 말합니다. 이런 사람들에게 하나님은, 사랑이라는 유일한 속성만 지닌 분처럼 보입니다. 그들은 하나님의 의나 거룩함이나 정의 같은 다른 속성들은 전혀 언급하지 않습니다. 이런 속성과 관련된 공평, 심판, 처벌 등과 같은 개념들을 꺼려합니다. 그들이 하나님의 사랑을 너무 강조한 나머지 신약이 "하나님은 사랑이시라"고만 말하는 듯한 인상을 줍니다. 신약에서 "하나님은 빛이시라. 그에게는 어둠이 조금도 없으시다"고 말씀하신 것은 망각했습니다_{요일 1:5}. 어떤 이들은 하나님의 진노를 선포하고 강조하는 것이 결코 지혜롭지 못하다고 생각합니다. 그것이 진실이든 아니든 말입니다. 그들은 이성과 지식의 분야에서 인간의 위상이 크게 변했다고 말합니다. 하나님의 진노를 강조한 설교와 가르침이 과거에는 상당히 유용했을 수 있지만, 이제는 그런 방법으로 접근하고 겁을 주면 사람들이 복음에 대해 거부감을 느끼고 불쾌해할 것이라고 말합니다. 그렇지만 오늘날 문명화된 인간은 언제든지 호소에 귀를 기울이고 반응할 준비가 되어 있다고 합니다. 그들은 강압이나 밀어붙이는 것에는 거부반응을 보이지만, 사랑의 부름 앞에는 언제나 반응할 준비가 되어 있다는 것입니다.

죄와 진노의 교리에 반대하는 주장은 다양한 형태를 띠고 있습니다. 이러한 주장을 익히 들어 온 사람은 누구나 지난 50년 동안 하나님의 진노에 대해 거의 들어 본 적이 없다는 데 모두 동의할 것입니다. 하나님의 사랑만 강조하다 보니 다른 모든 것을 배제시킬 정도가 되었습니다. 이것은 훨씬 더 광범위하게 영향을 미쳤습니다. 특히 신학에 끼친 영향은 심각합니다. 그리스도의 죽음과 대속에 대한 교리 같은 핵심적 교리에까지 영향을 미쳤습니다. 우리 죄를 담당하신 그리스도의 희생적 또는 대속적 죽음에 대한 관점은 낯선 교리가 되었습니다. 십자가에 달린 주님의 몸으로 죄가 해결되고 심판을 받았다는 개념은 거의 알려지지 않게 되었습니다. 십자가는 하나님의 사랑을 표현하고 제시해 준 것에 불과하다는 것입니다. 여기서 더 나아가 하나님의 진노라는 교리를 거부한 결과가 어떠했는지를 주목해 보겠습니다. 진노의 교리와 같은 방식으로, "오직 믿음으로 의롭게 된다"는 이신칭의의 교리도 거의 폐기되었습니다. 구원은 점점 더 인간의 행동으로 이해되고 있습니다. 하나님은 우리가 돌아오기를 사랑으로 참고 기다리시는 분으로만 묘사되고 있습니다. 하나님은 우리가 돌아오도록 격려하시기보다 전적으로 수동적이십니다. 하나님이 죄에 대해 진노하신다는 개념을 거부할 때, 기독교의 신학 전체가 영향을 받는 것이 분명합니다. 실제로 영향을 받았습니다. 그러나 신학뿐만 아니라 삶의 많은 영역에도 영향을 끼쳤습니다. 이것은 가정과 자녀 양육에도 엄청난 영향을 주었습니다. 마찬가지로 교육 제도에도 깊숙이 들어왔습니다. 이런 가르침 때문에 교도소 개혁과 범죄나 일탈행위에 대한 처벌의 내용과 방식이 새롭게 바뀌었습니다. 보상과 처벌이라는 개념을 없애 버리고, 선의 중요성 그 자체만 가르치는 방향으로 바뀌었습니다. 규율과 훈육, 강제, 옳고 그름이나 선과 악에 대한 외적인 기준은 더 인기가 없어졌습니다. 우리는 하나님을 율법을 주시는 분, 죄를 반드시 해결하고 심판하셔야만 하는 분으로 생각해서는 안 된다는 말을 듣습니다. 죄를 지어도 그 결과로 겪는 고통 외에는 다른 처벌은 절대로 없다는 말도 듣습니다. 사람들을 개선시키려면 그들이 잘못했을 때 벌을 주어서는 안 된다고 말합니다. 도리어 그들을 향해 사랑을 보여주어야 한다고 말합니다. 인간과 인간의 선함에 대해 더 큰 믿음을 가지고 그들을 격려해 더 나은 삶을 살도록 해야 한다는 것입니다.

다시 말해, 종교적이든 세속적이든 모든 일 가운데 율법을 주시는 분과 보상과 처벌의 체계를 갖춘 객관적 율법이 존재한다는 생각에 대한 뿌리 깊은 거부감이 있습니다. 사람들은 권위를 독재와 동의어로 여깁니다. 인간은 스스로 기준이 되었습니다. 외부로부터 그 어떤 것도 강제되어서는 안 된다고 주장합니다. 교육이란 아이들에게 지식을 가르치는 일이라기보다 이미 아이들 안에 있는 것을 이끌어 내는 것이라고 말하는 사람들도 있습니다. 그들은 어린이에게 세 가지 R*을 배우도록 강요하지 않습니다. 아이가 무엇을 배울 것인지 기호에 따라 스스로 결정해야 한다는 것이지요. 그들은 하나님의 진노라는 개념이 하나님과 인간에 대한 전적인 오해로 말미암아 생긴 것이라고 생각합니다. 사랑이신 하나님은 심판하실 수도, 심판을 원하실 수도 없습니다. 사람들을 적절히 다루고 훈련되고 바른 방법으로

---

* 읽기(Reading), 쓰기(Writing), 수학(Arithmetic)을 가리킨다.

교육하면 그들이 처벌받을 일을 전혀 하지 않을 것이라고 말합니다. 이러한 견해에 대한 우리의 입장은 무엇입니까?

첫째, **실제적이고 실용적 차원에서 살펴보겠습니다.** 사실만 살펴보아도, 그 자체로 앞의 주장들이 틀렸다는 것이 증명됩니다. 나중에 살펴보겠지만, 그 이상의 기준들로 살펴보아도 이 주장들은 틀렸습니다.

앞서 지적했듯이, 하나님의 진노에 대한 교리를 거부하는 주장은 다소 실용주의적 측면이 있습니다. 그 주장에 따르면, 예전 방식의 설교(하나님이 죄에 대해 진노하신다)는 사람들이 교회를 떠나도록 만듭니다. 그러나 하나님의 사랑에 대해 강조하면 사람들에게 더욱 호소력이 있습니다. 그 주장은 사실과 정반대입니다. 하나님의 심판과 진노 같은 개념이 사라지면서 오히려 교회는 텅 비어 가고 있습니다. 많은 사람들이 하나님의 사랑이 모든 것을 감싸 줄 것이라고 생각합니다. 우리가 무엇을 하든지 하나님의 사랑이 결국 바로잡아 주실 것이기 때문에 문제 되지 않는다고 생각합니다. 이런 생각이 유행처럼 번지고 있습니다. 교회가 사람들의 기호에 맞추어 설교하면 할수록 교인들의 수는 줄어 갑니다.

그러나 무엇보다 더욱 심각하고 걱정스러운 사실이 있습니다. 하나님의 진노에 대한 교리를 거부하면 하나님에 대한 믿음도 함께 후퇴한다는 것입니다. 사람들은 더 이상 하나님이 온 땅의 주인이신 것을 믿지 않습니다. 모든 사람이 언젠가는 영원한 재판장 되신 하나님 앞에 서서 자신의 삶을 설명해야 한다는 것을 믿지 않습니다. 하나님은 모든 사람에게 차별 없이 미소 짓는 순진한 분이라는 인상이 확산되었습니다. 인간은 더 이상 그분을 믿지 않고 자기 삶과 하나님을 연관시키지 않게 되었습니다.

우리가 항상 하나님의 사랑에 대해서만 강조하면 사람들이 하나님을 믿을 것이라는 생각은 잘못된 것입니다. 하나님의 진노, 공의, 의에 대해서 설교하면 그들이 하나님을 대적하게 될 것이라는 말은 분명히 틀린 것입니다. "여호와를 경외하는[두려워하는] 것"의 의미를 알아야만 인간은 하나님을 계속해서 믿을 수 있습니다.

현대인은 하나님에 대한 두려움 때문에 강압적으로 착하게 사는 것은 거부하지만, 대신 사랑의 호소에는 반응할 것이라는 주장이 있습니다. 이것 역시 앞의 주장과 같이 사실을 통해 틀렸다는 것이 증명됩니다. 이미 앞 장에서 이 사실을 확인했습니다. 사람들이 하나님의 진노를 믿지 않고 율법과 의라는 개념을 버리면, 그들의 도덕적 기준은 점차 무너집니다. 그들의 행동은 태만하고 느슨해집니다.

하나님의 진노에 대한 믿음이 빅토리아 시대의 엄격한 아버지 상이 사라지면서 함께 사라졌다는 주장이 있습니다. 이에 대해서는 다음과 같이 말씀드리겠습니다. 인간이 자신을 하나님 앞에서 책임을 져야 하는 존재로, 또 그분의 통치 아래 살아가는 존재로 인식하지 않으면, 삶의 모든 관계 속에서 규칙과 질서라는 감각은 서서히 사라집니다. 순종의 삶을 살지 않는 사람은 자기 자녀가 자신에게 순종해야 한다는 사실에도 무관심해집니다. 그 결과 가정에서의 훈육은 도외시됩니다. 마땅히 그러해야 함에도 아이들은 자기 부모를 더 이상 존경하지 않습니다. 아이들이 집안의 독재자가 되곤 합니다. 실제로 과거에 엄격하고 단호한 부모 밑에서 훈육을 받고 자란 아이들이 자기 부모를 더욱 생각하고 존경합니다. 빅토리아 시대의 부모상이 사라진 결과로 하나님의 진노에 대한 믿음도 사라졌다고 말하는 것은 피상적인 비판입니다. 이 관점은 부모들이 엄격한 부모상을 버린 이유와 원인을 다루지 않기 때문입니다. 더 많이 배우고 알게 돼서 빅토리아 시대의 부모상을 버린 것이 아닙니다. 왜냐하면 과거에도 많은 부모들이 그만한 지식을 가지고 있었기 때문입니다. 그렇다고 이렇게 달라지지는 않았습니다. 우리가 제시하는 설명 외에는 어떤 것도 충분하지 않습니다. 인간은 하나님 앞에서 책임져야 한다는 의식이 줄어들었습니다. 하나님이 사회의 질서를 포함한 삶의 모든 것을 제정하셨다는 것을 더 이상 믿지 않게 되었습니다. 가족과 가정, 결혼과 자녀 양육 그리고 일반적인 법률과 질서라는 개념이 더욱 느슨해졌습니다. 각자 나름의 법을 가지고 사는 시대가 온 것입니다. 모든 민족이 그들 상위에 법과 규제와 권력이 존재하며, 이것을 위반할 때 고통과 처벌이 따른다는 것을 인정하지 않는다면, 국제 평화와 화해에 진정한 희망이 있겠습니까?

인간이 하나님의 진노라는 개념을 넘어설 정도로 발전했다는 이론이 과거에는 도움도 되고 유용했습니다. 하지만 단순히 몇 가지 사실만 보아도 이것이 완전히 틀린 것임을 알 수 있습니다.

저는 논의를 이 수준에서 꽤 오래 끌었습니다. 이렇게 한 이유는 일상에서 관찰되는 사실들만 판단해 보아도 이 주장이 공허하고 천박한 것임을 보여드리기 위해서였습니다. 그러나 이보다 훨씬 더 중요한 사실이 있습니다. **"하나님의 진노가 하늘로부터 나타나나니."** 이것은 의견이나 주장이 아니라 사실입니다. 이것은 계시된 것입니다. 우리가 이에 대해 어떻게 생각하고 말하고 결정하든 전혀 상관이 없습니다. 우리는 약삭빠르게 우리의 신을 만듭니다. 우리의 타고난 천성으로 판단해서 하나님에 관해 혐오스럽고 거북스러운 것들은 제해 버리고 이제는 다 잘될 것이라고 즐겁게 상상합니다. 완전히 바보들의 천국입니다! 오만하기 짝이 없습니다! 이 얼마나 우스꽝스럽고 유치한 짓입니까! 앞서 살펴보았듯이, 이것은 근거도 제시할 수 없는 이론에 불과합니다. 하나님에 대한 계시를 정면으로 부정하는 것입니다. 하나님을 전혀 믿지 않는 사람이 진노의 개념을 거부하는 것은 당연한 결과입니다. 참으로 놀라운 점은, 계시를 믿고 하나님의 사랑에 관련한 것을 받아들이는 사람마저도 하나님의 진노에 대한 것은 거부한다는 것입니다. 사랑뿐 아니라 진노 역시 계시의 중요하고 핵심적인 요소입니다. 바로 여기에서 바울의 심경이 잘 나타납니다. 죄에 대한 하나님의 진노가 이미 나타났기 때문에, 그는 하나님의 구원 방법을 계시하는 복음에 대해 그토록 자랑스러워했던 것입니다.

하나님의 진노가 어떻게 드러났습니까? 이것을 살펴볼 때 주의할 것이 있습니다. 우리는 하나님의 진노에 대해 일반인들과 같이 생각해서는 안 됩니다. 하나님의 진노는 조급한 성질이나 통제불능의 분노가 아닙니다. 하나님의 진노는 자의적이거나 부당한 것이 아닙니다. 오히려 죄와 잘못에 대한 하나님의 증오를 나타냅니다. 죄를 철저히 거부하시는 하나님의 거룩하심, 온 세상과 인생을 황폐하게 만든 반역하는 세력에 대한 하나님의 거룩한 분노를 나타냅니다. 이러한 진노는 계시되었습니다. 어떻게 계시되었습니까? 이 질문의 답을 간략히 살펴보겠습니다.

먼저 우리가 흔히 '일반 계시'라고 부르는 것이 있습니다. 이것은 자연의 영역에 분명히 드러나는 것입니다. 이 법칙을 어기면 아픔과 고통이 따르게 됩니다. 우리가 특정 법칙을 무시하면 그 결과로 고통을 감수해야 합니다. 건강을 예로 들어 설명해 보겠습니다. 건강을 경시하면 우리는 고통을 겪습니다. 의도적으로 건강을 해치고 위험에 빠뜨릴 일을 하면 우리는 고통을 겪습니다. 우리는 아무것도 신경 쓰지 않고 무엇이든 할 수 있는 자유로운 존재가 아닙니다. 우리가 율법을 주시는 분을 부인하면 율법의 사실성을 논할 수가 없습니다.

우리가 행동과 그 결과를 논하기 전에도 양심이라는 사실이 존재합니다. 우리는 옳고 그름에 대한 감각을 가지고 있습니다. 어떤 일은 해서는 안 된다는 것을 알고 있습니다. 바울은 로마서 2:15에서 말합니다. "이런 이들은 그 양심이 증거가 되어 그 생각들이 서로 혹은 고발하며 혹은 변명하여 그 마음에 새긴 율법의 행위를 나타내 느니라." 우리가 양심의 문제를 적당히 넘어가고 양심의 가치를 부 인한다고 하더라도, 다른 사람들을 판단하고 그들의 행동을 책망하 는 중에 우리 양심은 되살아납니다. 그렇게 함으로써 우리에게 판단 의 기준이 있다는 사실을 알게 됩니다. 옳고 그름이나 정의에 대한 법칙이 존재한다는 것을 알게 됩니다. 인류에게는 하나의 보편적인 생각이 존재합니다. 잘못은 처벌받아야 하고 악행은 그 대가를 치러 야 한다는 것입니다.

그런데 성경의 계시는 더욱 강력하고 단도직입적입니다. 하나 님의 진노는 특별한 계시의 요소입니다. 이는 신구약성경 모두에서 발견할 수 있습니다. 창세기에 기록된 세상의 상태에 대한 설명을 보 면 이것이 분명하게 드러납니다. 노동과 슬픔, 수고와 땀은 죄에 대 한 심판입니다. 자연이 '잔인한 약육강식'의 질서를 가지게 된 것도 죄의 결과입니다. 인간이 현재 삶의 모습으로 전락하게 된 것도 하나 님에 대한 죄의 결과입니다.

율법의 진정한 목적은, 하나님의 거룩함과 그분의 죄를 향한 증 오, 죄를 심판하고자 하는 그분의 의지를 드러내는 것입니다. 율법 은 구원의 길을 제공하기 위해 주어진 것이 아닙니다. 바울에 따르 면, 율법은 "죄로 심히 죄 되게" 하는 모습을 보여줍니다^{롬 7:13}. 하나님 이 죄에 대해 어떤 생각을 하시는지, 하나님이 그분의 은혜받기를 거

하나님의
진노

부하는 모든 사람들의 죄에 대해 어떻게 하실지 드러냅니다. 율법은 "그리스도 앞에서 우리가 할 말이 없게 만듭니다." 율법은 죄의 정죄에 비추어 볼 때 우리에게 얼마나 간절히 그리스도가 필요한지 보게 해줍니다.

또한 선지자의 메시지에서도 율법은 핵심적이었습니다. 선지자들은 단지 개혁을 요구하고 국가가 나아가야 할 새로운 길을 제시하기만 했던 것이 아니었습니다. 그들은 회개를 촉구하는 것에 머물거나 만족하지 않았습니다. 그들이 긴박한 마음으로 회개를 요구한 것은, 심판의 날이자 저주의 날인 "여호와의 날"이 가까웠기 때문입니다. 이사야는 외칩니다. "너희는 여호와를 만날 만한 때에 찾으라"^{사 55:6}. 스바냐는 말합니다. "너희가 혹시 여호와의 분노의 날에 숨김을 얻으리라"^{습 2:3}. 말라기는 "용광로 불 같은 날"이 이르는 것을 모두가 보았다고 말합니다^{말 4:1}. 선지자들은 단지 윤리 교사가 아니었습니다. 그들이 보냄을 받은 것은, 자신의 죄 때문에 필연적으로 닥칠 네메시스*를 피하라고 이스라엘에게 촉구하기 위함입니다.

구약 시대에는 하나님의 진노에 대한 가르침이 이스라엘 민족의 역사를 통해 지속적으로 계시되었습니다. 개인과 민족의 모든 문제와 비극은 모두 하나님의 진노에 대한 관점으로 설명되었습니다. 그들이 하나님을 망각하고 하나님을 떠나면 언제나 곤란을 겪었습니다. 하나님은 그들의 범죄에 때로는 적극적으로, 때로는 소극적으로 심판을 내리셨습니다. 하나님은 그들이 결정한 대로 길을 가게 하

---

* 그리스 신화에 나오는 인과응보와 복수의 여신.

마틴 로이드 존스
능력

88

시고 그 결과를 거두게 하셨습니다. 바벨론에서의 포로생활은 정치적 실패와 군사적 패배의 결과가 아닙니다. 그것은 바로 하나님을 버린 결과입니다. 죄에 대한 하나님의 진노가 드러난 것입니다. 그와 똑같은 방식으로 주후 70년에 예루살렘이 침략당하고 유대 민족이 고국에서 쫓겨났습니다. 그들이 회개하지 않으면 일어날 것이라고 반복해서 듣던 일이 문자 그대로 성취된 것일 뿐입니다. 선택된 백성의 이야기가 죄에 대한 하나님의 진노를 객관적으로 보여주는 참으로 끔찍한 본보기가 되고 말았습니다.

우리에게 "임박한 진노를 피하라"는 말을 상기시켜 준 세례 요한의 이름도 언급할 필요가 있습니다^{마 3:7}. 그는 마지막 선지자였고 불같은 표현으로 선지자적 메시지의 전형을 선포했습니다. 오실 이에 대해 그는 이렇게 말했습니다. "손에 키를 들고 자기의 타작마당을 정하게 하사 알곡은 모아 곳간에 들이고 쭉정이는 꺼지지 않는 불에 태우시리라"^{마 3:12}.

주님도 사역하시면서 이 가르침을 확실하고 분명하게 전했습니다. 몇 가지 사례를 살펴보고자 합니다. 마태복음 7장을 보십시오. "아름다운 열매를 맺지 아니하는 나무마다 찍혀 불에 던져지느니라"^{19절}. "불법을 행하는 자들아, 내게서 떠나가라"^{23절}. 예수님이 제자들에게 사람을 두려워하는 문제에 대해 하신 말씀도 생각해 보십시오. "몸은 죽여도 영혼은 능히 죽이지 못하는 자들을 두려워하지 말고 오직 몸과 영혼을 능히 지옥에 멸하실 수 있는 이를 두려워하라"^마

[10:28]. 마태복음 25장과 누가복음 13:23-30에 등장하는 심판에 대한 말씀과 예루살렘 성에 대해 그분이 하셨던 말씀을 그려 보십시오.

사도행전에서도 이와 같은 명확한 촉구가 발견됩니다. "너희가 이 패역한 세대에서 구원을 받으라"[행 2:40]. 서신서 전체에서도 마찬가지입니다. 특히 로마서 1장 24, 26, 28절은 주목할 만합니다. 여기서 사도 바울은 하나님의 진노에 대한 계시를 보여주고 있습니다. 하나님은 그분을 거부하고 그분에게 등을 돌리고 우상을 만든 사람들의 죄를 벌하십니다. 하나님은 고대 이교도들의 세상을 심판하실 때 다음과 같은 방법으로 죄에 대한 진노를 드러내셨습니다. 하나님은 "그들을 마음의 정욕대로 더러움에 내버려 두사 그들의 몸을 서로 욕되게" 하셨습니다[24절]. "하나님께서 그들을 그 상실한 마음대로 내버려 두사 합당하지 못한 일을 하게 하셨으니"[28절]. 다시 말해, 고대 이교도의 세상은 하나님의 진노의 표현입니다. 하나님께서 죄를 벌하시는 방법 중 하나는, 죄를 제어하지 않는 것입니다. 사람들이 자기 갈 길을 가고 마음대로 하도록 내버려 두는 것입니다. 하나님은 사람들을 상실한 마음대로 내버려 두십니다. 하나님을 부정하고 무시하면 할수록, 어떤 의미로 그들은 더욱 하나님의 존재를 선포하는 셈입니다. 우리는 하나님의 진노가 적극적인 심판의 형태로 드러나야만 한다고 생각합니다. 그러나 하나님은 가끔 죄가 폭동으로 이어지거나 완전히 무제한적으로 드러나게 두셔서 죄의 불결함, 추함, 공포를 적나라하게 드러내십니다. 분명히 오늘날에도 이 사실은 매우 중요합니다. 이것이 오늘날 세상과 인류의 상태를 설명하는 말이 아닙니까? 우리는 하나님에 대해 나름대로 만든 생각을 가지고 있습니다. 계시의 자리를 철학에게 내어 주었습니다. 우리는 새로운 예수를 재구성하려고 듭니다. 하나님이 아닌 우리의 생각을 따라 삶을 정비하고 삽니다. 지난 100년 동안 이 배교는 계속되었습니다. 사람들은 그들이 만들게 될 신세계를 자랑스러워했습니다. 한동안은 모든 것이 좋아 보였습니다. 어떤 끔찍한 일도 일어나지 않았습니다. 지난 세기 후반과 현 세기의 초반에 이르기까지 완벽한 시대가 열린 듯했습니다. 그러나 그 후에 우리는 인류 역사상 가장 끔찍한 전쟁을 두 차례나 겪었습니다. 앞서 살펴보았듯이, 삶은 퇴보하고 추락하고 말았습니다. 이 모든 것이 의미하는 것은 무엇일까요? 저는 단지 바울이 한 말을 인용할 뿐입니다. "하나님께서 그들을 그 상실한 마음대로 내버려 두사." 하나님은 우리가 뿌린 것을 우리가 거두게 내버려 두셨습니다. 하나님이 전쟁을 유발하시거나 일으키신 것은 아닙니다. 하지만 우리의 죄가 스스로 작용하여 필연적 결과인 고난과 고통으로 이어지도록 내버려 두셨습니다. 이것이 하나님의 심판입니다. 이 세상은 지금 "모든 경건하지 않음과 불의에 대한 하나님의 진노"를 크게 선포하고 있습니다. 이 진리를 부정하는 것은, 우리가 선지자나 사도나 심지어는 그리스도보다도 하나님을 더 잘 안다고 주장하는 것입니다.

여기에 무슨 말을 더해야 할지 망설여집니다. 저는 지금 이 시간 논쟁이나 호소는 하지 않을 것입니다. 무엇보다 "모든 경건하지 않음과 불의에 대한 하나님의 진노"를 선포하고 선언하는 것이 가장 필요하다는 확신이 듭니다. 세상의 현재 상태에 대한 교훈을 선포해야 합니다. 사람들에게 그들이 회개하지 않는다면 더 심각한 상황이 다가올 것이라고 경고해야 합니다. 우리가 무슨 생각을 하고 어떤 이야기를 하든 그렇게 될 것이라고 경고해야 합니다. 앞서 살펴보았듯이, 죄에 대한 하나님의 진노는 여러 가지 방법들로 명확하고 분명하게 계시되어 있습니다. 저는 하나님의 진노와 심판의 교리를 반대하는 것에 대한 대답을 겸해 몇 마디 덧붙이고자 합니다.

사람에게 해당되지 않는 것은 하나님에 관해서도 마찬가지라는 주장을 하는 것만큼 교만하거나 위험한 일은 없습니다. 이 주장은 매우 타당성이 있어 보입니다. 그러나 여기에는 두 가지 근본적 오류가 숨겨져 있습니다. 첫째는 "진노"라는 단어의 의미를 이해하지 못한 것입니다. 하나님의 "진노"를 죄악에 빠진 인간의 분노의 관점에서 생각하는 것입니다. 둘째는 하나님의 거룩하심을 이해하지 못하는 것입니다. 그분과 우리 사이의 중대한 차이점에 대해 깨닫지 못하는 것입니다. "하나님은 빛이시라. 그에게는 어둠이 조금도 없으시다는 것이니라"^{요일 1:5}. 우리는 이 사실을 거의 이해하지 못합니다. 그러므로 우리가 하나님이 어떤 분이신지를 규정하려는 시도는 무지한 짐작에 불과합니다. 하나님은 그분의 정의와 의로움, 거룩함 때문에 필연적으로 죄와 죄가 하는 일들을 미워하십니다. 이 밖의 것은 생각조차 할 수 없습니다.

그러나 하나님이 사랑의 하나님이 아니라는 의미는 절대 아닙니다. 사실 이것은 정반대입니다. 하나님이 죄에 대해 가지셨던 증오와 혐오에 비추어 볼 때 비로소 우리는 그분의 사랑을 보게 됩니다. 복음의 경이로움과 영광을 깨닫게 됩니다. 하나님이 죄에 대해 품고 계신 분노의 분량이 죄인을 용서하고, 죄악에도 불구하고 죄인을 사랑하시기 위해 준비하신 사랑의 분량인 것입니다. 지난 한 세기 동안 하나님의 사랑에 대한 모든 말과 글에도 불구하고 하나님의 사랑에 대한 진정한 감사는 훨씬 적어졌습니다. 모든 것을 다 맡기고 포기하려는 준비는 덜 되어 있습니다. 사랑이라는 개념이 너무 감상적이 되었습니다. 모호하고 일반적인 선의나 별반 차이가 없는 것이 되었습니다. 하나님의 사랑은 거룩한 사랑입니다. 하나님의 사랑은 죄를 눈 감아 주거나 타협하는 방식으로 표현되지 않습니다. 이것은 죄를 다루면서도 죄인이 자기의 죄로 인해 파괴되지 않고 죄와 그 결과로부터 구원을 얻도록 해줍니다. 주님이 바리새인 시몬에게 말씀하시며 사용하신 비유에서처럼, 스스로의 죄악을 하나님 앞에서 깨달을 때에야 우리는 진정 하나님의 사랑을 깨닫게 됩니다. "그의 많은 죄가 사하여졌도다. 이는 그의 사랑함이 많음이라"눅 7:47.

마지막으로, "하나님의 진노"에 대한 가르침을 반대할 만한 실제적 근거가 없습니다. 탈출구가 활짝 열려 있기 때문입니다. 어떤 사람도 하나님의 진노 아래 살아야 할 이유가 없습니다. 이 사실이 논쟁에 결론을 내려 줍니다. 탈출구가 없었다면 상황이 매우 달라졌을 것입니다. 누군가가 자신에게 주어지는 구원을 의도적으로 거부할 때 겪게 될 고통을 생각해 보십시오. 이 때문에 바울과 다른 사도들, 그리고 그 이후의 모든 위대한 설교자들이 긴박하게 복음을 전했던 것입니다. 이 때문에 복음이 반가운 소식이 되는 것입니다. 하나님의 진노는 이미 계시되었습니다. 그러나 그 진노를 피할 길도 그리스도의 복음 안에 계시되었습니다. 진노에 대해 논쟁하고, 반대하며, 사랑과 은혜에 대한 선포를 무시하는 것은 무지의 극치입니다. 뿐만 아니라, 자기 자신을 불필요한 고난과 심판으로 정죄하는 꼴이 되고 맙니다. 동시에 이것은 우리에게서 모든 변명과 호소의 기회를 앗아가게 됩니다.

5.

유일한
해결책

롬 1:16

내가 복음을 부끄러워하지 아니하노니
이 복음은 모든 믿는 자에게 구원을 주시는 하나님의 능력이 됨이라.
먼저는 유대인에게요 그리고 헬라인에게로다.

사도 바울은 이 위대한 서신의 핵심 주제를 로마서 1:16에서 소개합니다. 이후의 모든 구절은 이 명제에 대한 부연 설명일 뿐입니다. "아니하노니"라는 표현은 앞 구절과의 연관성을 드러냅니다. 그는 "헬라인이나 야만인이나 지혜 있는 자나 어리석은 자" 모두에게 전할 메시지가 있었습니다롬 1:14. 그는 로마에서도 복음을 전할 준비가 되어 있었습니다. 그는 복음을 전할 수 있기를 간절히 바랐습니다. 실제로 몇 차례 시도하기도 했습니다. 왜냐하면 그는 자신이 선포하는 "복음을 부끄러워하지 아니하"였기 때문입니다.

이제 그가 사용하는 표현의 특성을 확실하게 이해하셨을 것입니다. 이것은 곡언법Litotes으로, 긍정을 표현하기 위해 부정을 사용하는 것입니다. 곡언법은 너무 지나친 요구를 하기 두려워하는 영국식 화법의 특징입니다. 영국인들은 우리가 어떤 분야의 전쟁에서든지 정말 잘하고 있을 때 이런 식으로 말합니다. "지금까지 이룬 진전에 대해 불만족스러워할 이유가 없다." 다시 말해, 사도 바울 자신이 복음을 자랑스러워하고 영광스러워한다는 것입니다.

그런데 왜 바울은 부정문을 사용했을까요? 서신서들을 대충만 훑어보아도 이것이 취향의 문제만이 아니라는 것을 알 수 있습니다.

이런 식의 표현은 문장에 힘을 실어 줍니다. 로마라는 위대한 도시에 대해 조금만 살펴보면 그 이유를 명확히 알 수 있습니다. 로마는 편지의 수신자들이 살고 있는 곳입니다. 로마에서 진실인 것은 아덴이나 고린도처럼 바울이 전도했던 다른 도시들에서도 진실입니다. 로마는 당시에 가장 위대한 대도시였습니다. 로마는 제국의 정부가 있는 곳이었고 당시 전 세계라 여겨지던 지역을 통치하던 곳이었습니다. 따라서 그곳에는 가장 진귀하고 값진 것들이 몰려들었습니다. 당대의 모든 종교와 철학과 사상의 대표 학파들이 그곳에 진출해 있었습니다. 무엇보다 로마는 법률과 정부 체제로 잘 알려져 있었습니다. 따라서 로마는 세계에서 가장 자랑할 만한 도시였습니다. 로마는 부와 권력, 학문과 문화, 종교와 정치를 자랑했습니다. 세계적으로 유명한 위대한 건축물들을 가지고 있었습니다. 로마는 완벽한 도시처럼 보였습니다. 인간의 문화와 진보는 최고점에 달한 것처럼 보였습니다. 참으로 로마는 인간의 위대함과 성취에 대한 자부심의 화신이었습니다. 어떤 의미에서 로마 이후로 그만한 도시는 없었습니다. 로마의 이런 자부심은 기독교에 대한 태도에서 특히 잘 나타납니다. 공식·비공식적인 문서들이 이를 증언하고 있습니다. 이런 로마를 향해 복음이 주장하는 것은 너무나 우스꽝스러웠습니다. 주로 식민지나 점령지의 가장 가난한 지역에 사는 보잘것없는 소수 종파의 사람들이 전 인류가 들을 메시지를 소유하고 있다는 것은 웃기는 말이었습니다. 그 메시지의 핵심이 평범한 목수였던 사람이 하나님의 아들이라는 주장이기에 더더욱 말이 안 됐습니다. 그 나라에서조차 가장 멸시받던 마을의 한 사람, 위대한 학자나 철학자도 아닌 사람이 하나님의 아들이라니 말입니다. 그러나 이것이 완전히 미친 주장임을 확정 지은 사실이 있었습니다. 하나님의 아들이라는 사람이 자신의 능력과 권력으로 열방을 굴복시키는 위대하고 강력한 정복자가 되기는 고사하고, 두 강도 사이에서 나약하고 무력하게 십자가에 달려 죽었다는 사실이었습니다. 그리스도인이라 불리는 멸시받던 종파의 주장은 철학으로 무장된 헬라인들에게는 전부 어리석은 일이었습니다. 로마 사람들이 볼 때는 훨씬 더 형편없는 것이었습니다. 복음의 메시지가 가지고 있던 철저한 나약함은 그 어떤 것보다 걸림돌이 되었습니다.

바울은 바로 이런 분위기 속에서 살아가던 사람들에게 말한 것입니다. 자부심 있고 교양을 갖추고 자족하며 모든 부와 권력을 갖춘 세계의 수도를 향해 바울은 복음을 전할 준비가 되어 있었습니다. 아니, 사실은 간절히 원하고 있었습니다. 그는 로마가 복음을 어떻게 생각하는지 알고 있었습니다. 복음을 믿고 전하는 자들을 경멸할 가치조차 없다고 생각한다는 것을 알고 있었습니다. 그러나 그는 근심하거나 흔들리지 않았습니다. 로마에 도착했을 때도 주눅 들지 않았습니다. 자기 자신이나 자신의 메시지에 대해 궁색한 변명을 할 필요를 느끼지 않았습니다. 그는 복음을 자랑스러워했기 때문입니다. 복음을 영광스러워했기 때문입니다. 복음을 뽐내고 복음으로 인해 기뻐했기 때문입니다. 로마 전체와 복음을 비교하면 로마가 초라해 보일 정도로 바울은 복음을 자랑스러워했습니다. 로마는 복음을 믿는 사람이면 누구나 조롱하고 모독할 준비가 되어 있었습니다. 이전에도 그랬고, 이후에도 그럴 분위기였습니다. 그러나 로마와 로마의 교만한 주장에 대해 속속들이 알고 있는 바울은 부끄러워하지 않았습니다. 다른 모든 지역과 마찬가지로 로마도 그가 전하는 복음을 들어야 했기 때문입니다. 복음은 그들이 소유하고 믿는 모든 것과 비할 수 없는, 초월적이고 무한한 가치를 지닌 것이기 때문입니다.

이제 오늘날 우리나라와 대부분의 다른 나라에서 복음과 복음 전도를 둘러싼 상황이 로마의 상황과 신기할 정도로 닮아 있다는 것이 명확해졌습니다. 고대에 대부분의 사람들은 복음이 진리임을 믿고, 복음이 사실임을 인정하고 받아들였습니다. 하지만 그대로 살지는 못했습니다. 더 나아가, 복음의 윤리적이고 도덕적인 엄격한 요구를 거부하기도 했습니다. 그러나 그때에도 그들은 여전히 복음에 경의를 표했습니다. 기껏해야 자신의 죄와 약함에 대해 보호막을 치는 정도였습니다. 그 당시 복음은 가장 고결하고 가장 훌륭한 삶의 방식으로 인식되었습니다. 실제로 어떤 이들에게 복음은 너무나 높고 고귀해서 비현실적인 삶의 방식으로 여겨지기도 했습니다. 그래서 그저 입바른 소리만 하고 그대로 실천하지는 못했습니다. 당시 복음의 위상이 그러했습니다. 그런데 지금은 더 이상 그렇지 않습니다. 큰 변화가 일어나 사도 바울의 시대에 로마가 취했던 입장으로 되돌아

갔습니다. 복음을 향해 일반적으로 가지고 있던 태도가 완전히 바뀐 것입니다. 옳은 진리라고 인식되던 것이 처음에는 겉으로만 인정받거나 무시되는 단계를 겪었습니다. 그런데 현재에 와서는 적극적인 공격과 반대에 부딪히고 있습니다. 실제로 그 이상의 단계를 경험하고 있습니다. 조롱당하고 내버려졌습니다. 이제 사람들은 말합니다. 복음은 교육을 받거나 이성이 있는 사람이라면 거의 받아들일 수 없거나 믿을 수 없는 것이라고 말입니다. 복음을 전래동화나 미신과 같은 범주로 취급하고 있습니다. 사람들이 한때 무지하여 다양한 두려움과 공포증의 노예가 되어 살던 시절의 잔재라고 여기고 있습니다. 그들 주장에 따르면, 이 모든 것은 지식의 진보에 의해 증명될 수 있습니다. 과학적 발견의 결과로 설명될 수 있습니다. 인간의 본성과 이상행동을 조명하는 심리학에 의해 증명될 수 있습니다. 일부 복음의 도덕적 가르침은 수용하고 칭송하기도 합니다(물론 이것마저도 거부하는 사람들도 있습니다). 그러나 그리스도의 유일한 신성, 이 땅에서 행하신 기적들, 대속적 죽음과 육체의 부활, 성령의 인격과 사도행전 초반부의 주장 등 복음의 핵심 주장들에 대해서는 경멸과 조소를 보내며 거부합니다. 문화와 학식의 상징은 무종교 또는 반종교가 되었습니다. 아니, 더 나아가 복음을 믿는 것은 진정한 진보와 발전의 가장 큰 장애물로 여겨지고 있습니다. 현대인들은 말합니다. 구원은 지식과 교육을 통해 훈련될 수 있는 인간의 역량과 능력을 최대한 활용할 때 발견된다고 말입니다. 인간은 스스로를 구원해야 하고, 스스로를 구원할 수 있는 역량을 갖추었다는 것이지요. 이것이 현대판 신앙고백의 핵심입니다. 그리스도의 복음과 복음을 통해 값없이 주어지는 기적적인 구원에 대해 누군가 감히 이야기를 꺼낸다면, 그는 시대에 한참 뒤떨어진 바보 취급을 받습니다. 더 나아가 이 메시지를 전한다면, 그는 듣는 사람에게 모욕감을 주는 사람이 되고 맙니다. 이런 행위는 수백 년 전 사람들이 무지하고 미개했을 때 통하던 것이기 때문입니다. 또는 아프리카의 야생에서 사는 미개한 원시인에게나 통할 일이기 때문입니다. 더 나아가 복음을 개인이든 집단이든 인류의 유일한 희망으로 주장한다면, 사람들은 그에게 미치광이나 바보라고 소리 지를 것입니다.

그럼에도 오래전 바울이 그랬듯이, 오늘날 우리도 바로 이 복음을 전하고 있습니다. 우리는 수치심을 느끼며 변명하듯 이 일을 하지 않습니다. 우리가 이 일을 하는 것은, 바로 바울이 생명력 있게 살 수 있었던 것과 같은 이유 때문입니다. 역대 신앙의 선조들이 그렇게 살 수 있도록 했던 것과 같은 이유 때문입니다.

이런 빛나고 영광스런 본문에서 특히 긍정문을 주목해 보겠습니다. 복음을 거부하는 사람들의 어리석고 한심스러운 주장을 간략히 살피며 비평해 보겠습니다. 사실 부정적 비평을 하느라 시간을 많이 할애할 필요도 없습니다. 단지 인간의 실패를 적나라하게 보여주는 오늘날의 상황을 지적하면 됩니다. 고대 로마의 태도를 연상시키는 자세로 복음을 거부하는 사람들에게 한 가지만 요구하면 됩니다.

그 거만하고 교양 있고 능력 있는 도시와 그와 비슷한 태도를 견지했던 기타 도시와 국가들이, 그 후 역사에서 어떻게 되었는지 살펴보라고 말입니다.

그렇습니다! 우리는 주저하지 않고 선포합니다. 인간을 위한 유일한 희망은 그리스도의 복음을 믿는 것뿐이라고 말입니다. 이렇게 선포하는 이유는, 우리가 과학과 학문, 문화에 대한 모든 논쟁을 잘 알고 있기 때문입니다. 이 전쟁이 끝나면 지난 전쟁이 끝났을 때와 마찬가지로, 복음이 하는 말에는 신경 쓰지 않고 새로운 세상을 만들기 위한 계획과 구상을 담대하게 발표할 것을 알고 있기 때문입니다. 왜 우리가 이렇게 선포합니까? 사도 바울이 본문의 내용을 쓴 것과 같은 동기 때문입니다. 그는 아주 명확하게 말했습니다.

첫째, 그는 **복음이 하나님의 구원의 길**이기 **때문**에 자랑스러워합니다. 복음은 인간에게 제시된 모든 인생관이나 삶의 방식과 다릅니다. 이것이 우리가 복음을 자랑하고 높여야 할 근본적인 이유입니다. 이것을 조금 더 분석해서 그 의미를 자세히 살펴보겠습니다.

복음은 상당히 특별한 권위를 가지고 있습니다. 인생과 인생의 문제에 대한 다른 모든 사상들은 인간이 만든 것입니다. 최고의 사상들이라도 그것들은 여전히 추측과 가정의 영역에 머물러 있습니다. 간혹 거만한 교조적 태도와 확신을 가지고 말하는 사람들도 있습니다. 그것은 자신이 유치한 수준의 지성을 가졌다는 것을 보여주는 것입니다. 위대한 지성과 심오한 사상가들은 항상 자신이 무지하다고 인정하고 고백합니다. 그들은 늘 기꺼이 자신을 탐구자라고 부릅니다. 그들은 언제나 "제 생각에는", "제 의견으로는", "제가 짐작해 볼 때", "그건 아마도", "분명 그럴 것입니다"와 같은 말들을 합니다. 그들은 모릅니다. 그들은 인생의 궁극적 문제들은 인간의 지성과 능력으로는 꿰뚫어 볼 수 없는 신비라고 인정하고 마칩니다. 수많은 학파들이 존재한다는 사실 자체가 불확실성과 무능력함을 정확히 증거하고 있습니다. 바울이 살았던 고대 세계는 많은 철학의 학파가 탄생하던 시대였습니다. 각 학파는 창시자와 맹주들이 있었습니다. 그들은 다른 학파보다 자기 학파가 궁극적 진리와 실재에 더욱 가깝다고 주장했습니다. 어떤 이들은 아리스토텔레스를 자랑했습니다. 또 어떤 이들은 플라톤이나 소크라테스 또는 제논을 자랑했습니다. 그러나 모든 체계는 결국은 추구로 끝나고 말았습니다. 물론 각 학파는 학문적 이해의 깊이를 보여주었고 각각의 체계를 갖추고 있었습니다. 하지만 고대 세계에서 이 모든 학파들이 결국에는 부적합한 것으로 드러났습니다. 이를 확증하는 다른 증거가 있습니다. 그것은 바로 끝없이 수많은 종교가 발생했다는 것입니다. 사상만으로는 불충분하다는 것이 알려진 것입니다. 이 세상의 이면에는 뭔가가 있습니다. 보이지 않는 힘과 작용이 있었습니다. 신의 도움을 요청하지 않고는 삶에 대해 설명할 수 없었습니다. 로마제국은 이런 신들을 섬기는 종교들과 이들을 모시는 사원들로 가득하게 되었습니다. 이것은 사도행전 17장 아덴의 이야기에서 생생하게 볼 수 있습니다. 로마와 다른 대도시에서도 상황은 마찬가지였습니다. 이 도시들은 모두 허세를 부리며 자기의 자부심과 학식을 자랑했지만 그들이 가진 것은 오직 불확실성과 두려운 마음뿐이었습니다. 그들은 자기들의 위인과 위대한 철학 체계를 자랑했습니다. 그러나 이 얼마나 공허한 자랑입니까! 위인들마저도 모른다고 인정해야 했습니다. 이들 사이에서 자살은 흔한 일이었습니다. 인간의 두뇌 능력과 이해력, 통찰력, 생각의 흐름이라는 놀라운 특성이 결국에는 아무 곳으로도 이끌지 못한다면 이것을 자랑하는 것은 얼마나 어리석은 일입니다. 그러나 바울은 본질적으로 다른 무엇인가를 제공하고 선포했습니다. 그는 다른 체계들도 알고 있었습니다. 하지만 그는 그것들의 한계와 문제를 해결하지 못하는 무능력함을 알았습니다. 그는 사람과 그들의 체계를 자랑할 수 없었습니다. 그가 어떤 체계를 자랑하려면 그 체계에 권위가 있어야 합니다. 반드시 확실성이 있어야만 합니다.

진리의 근삿값이 아니라 진리 그 자체여야 합니다. 추론이 구원해 줄 수 없습니다. 바울이 선포한 복음은 추론이 아닙니다. 복음은 하나님이 직접 계시해 주신 것입니다. 바울이 갈라디아 사람들에게 이런 사실을 밝혔습니다. "형제들아, 내가 너희에게 알게 하노니 내가 전한 복음은 사람의 뜻을 따라 된 것이 아니니라. 이는 내가 사람에게서 받은 것도 아니요 배운 것도 아니요 오직 예수 그리스도의 계시로 말미암은 것이라."[갈 1:11-12]. 바울은 이런 메시지를 부끄러워할 이유가 전혀 없었습니다. 이는 오늘날에도 똑같습니다. 지난 100년간의 모든 저술과 설교와 가르침을 보십시오. 어떻게 보면 인간의 능력과 노력이 이 정도로 역량을 발휘한 적은 없었습니다. 철학이 영광을 얻었습니다. 인간은 삶과 우주의 수수께끼를 풀 수 있다고 주장했습니다. 인간이 자기 자신과 성취, 이해력에 대해 이렇게 자부심을 가진 적이 없었습니다. 그런데 이 모든 것의 결과는 무엇입니까? 오늘날 사는 모습이 어떻습니까? 바울이 살던 시대와 우리의 시대가 너무나 똑같지 않습니까? 이 모든 것이 얼마나 비극적입니까! 진보와 체계를 자랑했는데 아무런 결과가 없다니요! 우리가 우리의 사고 능력을 자랑한다면, 우리의 사고 능력은 무언가 유효한 결론에 이르러야 합니다. 한번 솔직해집시다. 우리가 인생과 삶의 문제에 대해 바울 이전에 살고 죽었던 철학자들보다 더 해결책에 가까이 와 있습니까? 현대 세계의 상태를 보면 그 답을 얻을 수 있습니다. 우리의 지식은 삶의 외적인 요인, 곧 편리함과 즐거움에 대해서만 자랐을 뿐입니다. 삶 자체는 여전히 수수께끼로 남아 있습니다. 살아가는 길은 이전보다 더욱 갈피를 잡기가 어렵습니다. 경쟁 체제는 여전히 실패한 상태이고 우리의 필요를 채우지 못하고 있습니다. 그러나 복음은 인간의 철학이 아닙니다. 이것은 인간의 사상, 인간의 노력이나 탐구의 결과로 얻어진 것이 아닙니다. 복음은 하나님이 인생에 대해 생각하고 말씀하신 계시입니다.

그러나 우리가 주의 깊게 살펴봐야 할 사실이 있습니다. 복음은 하나님이 우리에게 원하고 기대하시는 것이 무엇인지를 단순히 말해 주기만 하는 문장이 아니라는 점입니다. 복음은 단순히 윤리·도덕 프로그램이나 사회적 정책이 아닙니다. 더 나은 고상한 삶으로 초대하는 부르심만도 아닙니다. 구약 시대의 계시를 보면 그렇다고 할 수도 있겠지만, 인류는 여기에 반응하는 데 철저하게 실패했습니다. 그리스도의 복음은 훨씬 더 가망이 없는 형태로 과거를 반복하는 것이 아닙니다. 복음은 단지 하나님이 우리에게 기대하시는 삶과 우리가 따르기를 원하시는 삶의 형태가 아닙니다. 바울에 따르면, 복음은 그보다 훨씬 더 놀라운 것입니다. 복음이 이처럼 놀라운 것이라면 이는 자랑스럽고 영광스러울 것입니다. 이는 인간이 만든 그 어떤 것보다 무한히 고귀한 삶의 방식이기 때문입니다. 하지만 결국에는 복음 앞에서 우리는 자랑하고 영광스러워하지 못할 것입니다. 복음은 우리의 저주받을 운명을 선언하고, 우리의 궁극적인 실패와 파멸을 선포하기 때문입니다.

복음이 영광스러운 것은, 복음이 기본적으로 예수 그리스도의 인격을 통해 우리가 아닌 하나님이 하신 일을 드러내기 때문입니다. 이것이 바울이 로마서 전체를 통해 계속해서 보여주는 핵심입니다. 이것이 모든 사도들이 선포했던 복음이었습니다. 그들은 예수님을 그리스도라고 선포했습니다. 그들은 선포하고 선언했습니다. 기본적으로 그들은 "복된 소식"이라고 불렀던 것을 사람들이 귀를 기울여 듣도록 촉구했습니다. 그들은 삶과 생활을 위한 프로그램의 개요를 먼저 만들지 않았습니다. 그들은 사람들이 받아들여야 하는 어

107

떤 관점을 제시하지 않았습니다. 세상을 돌아다니며 새로운 삶의 질서와 계획에 대해 선전하는 사람들이 아니었습니다. 그들은 자기가 하는 말이 무슨 의미인지 설명하기 시작했습니다. 그들은 프로그램이 아니라 인간을 선포했습니다. 바로 나사렛 예수가 하늘에서 이 땅으로 오신 하나님의 아들이라고 했습니다. 예수께서 하나님께 대한 완전한 순종으로 완전하고, 흠도 점도 없는 삶을 사셨다고 말했습니다. 이적을 행하심으로 그분의 고유한 신성을 드러내 보여주셨다고 말했습니다. 그분께서 십자가에서 죽으신 것은 그분의 삶의 종말을 의미하는 것이 아니었습니다. 그것은 그분의 백성이 그분을 배척한 결과였고, 이는 더 깊고 영원한 의미를 갖는 사건이었습니다. 인류가 하나님과 화해하기 위해 반드시 일어나야 하는 일이었습니다. 이는 성부 하나님과 성자 하나님 사이의 합의였습니다. 성자 하나님이 "친히 나무에 달려 그 몸으로" 우리 죄를 담당하신 것이었습니다^{벧전} ^{2:24}. 이사야가 "그가 상함은 우리의 죄악 때문"이며 "그가 채찍에 맞으므로 우리는 나음을 받았도다"라고 했던 오래된 예언이 성취된 것입니다^{사 53:5}. 바울이 다른 서신에서 말했듯이 "곧 하나님께서 그리스도 안에 계시사 세상을 자기와 화목하게 하시며", "우리를 대신하여 죄로 삼으신 것은 우리로 하여금 그 안에서 하나님의 의가 되게 하려" 하신 것입니다^{고후 5:19, 21}. 그러나 이것이 전부가 아닙니다. 그분은 무덤에서 다시 일어나셨습니다. 선택된 증인들에게 자신을 드러내신 후에 하늘로 올라가셨습니다. 하늘에서 그분은 초대교회에 성령을 선물로 보내셨고, 새로운 안목뿐 아니라 새로운 삶과 권능을 그들에게 허락하셨습니다. 그들의 삶은 완전히 변화되었고 진정한 삶을 살게 되었습니다. 그것이 메시지였습니다. 이 모든 일의 강조점은 하나님께서 하신 일에 있었습니다. 그 내용은 하나님의 구원의 길과 인간을 의롭게 하는 길이었습니다. 인간은 이를 받아들이고 여기에 승복할 수밖에 없는 것입니다. 이것은 참으로 자랑스러워해야 할 메시지입니다. 아덴의 스토아나 에피쿠로스 학파의 철학자들을 상대해도 낯이 붉어지거나 변명할 필요가 없도록 만드는 힘입니다. 세상에서 가장 고상하고 위대한 철학자들의 말까지도 마치 아기의 옹알이처럼 보이게 하는 메시지입니다.

둘째, 그는 **복음이 효과가 있기 때문에** 자랑스러워합니다. 복음은 "구원을 주시는 **하나님의 능력**"입니다. 바울이 로마를 향해 쓴 글에서 "능력"이라는 단어를 쓴 것은 놀랄 일이 아닙니다. 이 단어는 그들에게 대단한 표현이었습니다. 당시에 사람들은 모든 것을 능력을 기준으로 판단하는 경향이 있었습니다. 아덴 사람들에게 지혜가 중요했듯이, 위대한 제국의 수도인 로마 사람들에게는 능력이 중요했습니다. 그들은 효과와 능력이 없으면 눈길조차 주지 않았습니다. 아무리 고상하고 훌륭하며 숭고하다 해도 말입니다. 쓸모없고, 그럴듯한 결과를 내지 못하는 것은 중요하게 생각하지 않았습니다. 로마 사람들은 본질적으로 실용주의적이고 공리주의적인 특성이 있었습니다. 이것이 그들의 시금석이자 기준이었습니다. 바울은 그것을 알

유일한
해결책

았습니다. 그렇기 때문에 그들에게 도전한 것입니다. 그들이 복음의 결과를 가지고 복음을 검증했습니까? 바울은 그들을 만날 준비가 충분히 되어 있었습니다. 아니, 그들에게 도전할 준비가 충분했습니다. 그들의 모든 학식과 문화와 수많은 종교가 결국 무엇을 만들어 냈습니까? 그들이 결과에 관심이 있었다면 결과를 내야 하지 않겠습니까? 로마제국의 시민들이 살던 삶의 양식은 어떤 것이었습니까? 그들의 도덕 수준은 어땠습니까? 바울은 더 나아가 로마서 1:18-32에서 자신의 질문에 답을 합니다. 그것이 바로 로마제국의 시민들이 살아온 삶이었습니다. 그것이 성공입니까? 그것이 문명이고 교양입니까? 그것이 자랑거리입니까? 삶의 문제를 다룰 수 없다면 모든 철학의 의미와 가치는 무엇입니까? 그들은 매우 지적이며 철학에 대해 대단히 흥미를 가지고 있었습니다. 문제는 철학은 문제만 던지는 것이 아니라 해결도 해야 한다는 것입니다. 한때 바울은 유대의 율법과 그가 이를 성공적으로 지키며 살았던 것을 자랑했습니다. 그러나 그는 율법의 진정한 영적 의미를 알게 되었습니다. 자신이 철저한 실패자임을 깨닫게 되었습니다. 그러자 한때 자신이 자랑했던 모든 것이 단지 껍데기일 뿐임을 알았습니다. 그는 이 주제를 로마서 7장에서 다룹니다. 인간이 삶의 문제를 해결하려고 했던 시도들은 다 실패했습니다. 순전히 지적 전통을 따르고 도덕적 노력을 하고 몸부림을 쳤습니다. 신비주의를 좇아 고통스런 수행도 해보았지만, 모두 실패했습니다. 그러나 바울이 선포하는 복음은 효과가 있었습니다! 우선

자기 삶에서 효과가 있었습니다. 복음은 모든 것을 바꾸고 변화시켰습니다. 복음은 그의 영혼에 평화와 안식을 주었고 그의 삶에 승리를 허락했습니다. 복음은 수없이 많은 사람들의 삶에 똑같은 일을 했습니다. 어떻게 그랬을까요? 바울은 이어지는 본문에서 답을 제공합니다.

이 질문에 대한 답은 다음과 같은 사실에 있습니다. 오직 복음만이 인간의 문제와 필요를 직면하고 드러내며 진정으로 해결할 수 있다는 것입니다. 복음만이 인간에 대한 진실을 철저하고도 끔찍하게 직면합니다. 복음만이 인간을 있는 그대로 바르게 봅니다. 진정한 인간론 없이 구원론을 논하는 것은 시간 낭비입니다. 치료 이전에 진단이 먼저 있어야 합니다. 복음은 이 두 가지 측면에서 고유한 특성을 가집니다. 복음만이 정확한 진단을 할 수 있습니다. 복음만이 치료법을 가지고 있습니다. 복음의 방법은 무엇인지 함께 살펴보겠습니다. 삶과 인간의 핵심적이고 중요한 문제는 무엇입니까? 불행과 실패의 원인은 무엇입니까? 오늘날 세상에서의 삶이 이렇게 된 원인은 어디에서 발견할 수 있습니까? 우리는 앞에서 이 문제를 살펴보았습니다.

가장 먼저, 하나님의 진노를 살펴보았습니다. 바울은 하나님의 진노에서 출발합니다. 이것이야말로 가장 중요하고 심각한 문제이기 때문입니다. 그러나 안타깝습니다. 인간은 이 문제를 전혀 생각하지 않고 절대로 헤아려 보지 않습니다. 모든 계획과 구상과 생각이 인간 중심입니다. 그렇기 때문에 인간이 항상 실패했습니다. 앞으로도 실패할 운명에 처해 있습니다. 만물을 지으시고 유지하시고 통제하시는 하나님을 배제하고 인생과 세상에 대해 어떻게 계획을 세울 수 있습니까? 하나님은 세상을 만드셨을 뿐만 아니라 세상에 대해 적극적으로 관심을 가지고 세상사에 개입하십니다. 하나님의 율법은 절대적입니다. 절대 피해 갈 수 없습니다. 하나님은 불순종과 악과 죄가 처벌을 받도록 정하셨습니다. 처벌의 방법 중 하나는, 우리 행위가 지금 바로 이 세상에서 결과를 내도록 그대로 두시는 것입니다. 하나님은 하나님을 망각하고 대적하는 삶이 성공하거나 행복하지 못하도록 결정하시고 규칙을 정하시고 질서를 세우셨습니다. 하나님을 망각하고 대적하는 삶에는 저주가 따릅니다. 이것이 태초부터 내려오는 인류의 이야기의 전체입니다. 이것은 오늘날까지 계속되고 있습니다. 세상이 끝날 때까지 계속될 것입니다. 인류는 이것을 인정하지 않았습니다. 사실 이를 비웃고 있습니다. 인간은 하나님 없이도 성공할 수 있다는 확신에 차 있습니다. 그런데 결과는 어떻습니까? 계속된 실패입니다. 하나님은 만홀히 여김을 받는 분이 아닙니다. 삶의 진실과 역사의 이야기가 모든 경건하지 않음과 불의에 대해 하나님이 진노하신다는 것을 증언합니다. 이것이 우리의 첫째 문제입니다. 우리가 하나님께 범죄했다는 사실입니다. 우리와 하나님과의 관계가 어긋났습니다. 하나님의 진노가 우리에게 임했습니다. 하나님이 우리를 축복하실 수 없는 상태로 만들어 버렸습니다.

하나님의 거룩한 성품은 우리의 범죄를 반드시 징계하도록 요구합니다. 우리가 이에 대해 무엇을 할 수 있습니까? 전혀 없습니다! 우리의 눈물, 슬픔, 공로, 노력 아무것도 소용이 없습니다. 우리는 과거를 속죄할 수 없습니다. 잘못을 되돌리거나 보상할 수 없습니다. 누구도 율법을 지킬 수 없습니다. "의인은 없나니 하나도 없으며"롬 3:10. "모든 입을 막고 온 세상으로 하나님의 심판 아래에 있게 하려 함이라"롬 3:19. 그렇다면 전혀 희망이 없습니까? 아무 방법이 없습니까? 앞서 살펴봤듯이, 감사하게도 그리스도의 복음에 답이 있습니다. 하나님은 우리의 죄를 그리스도 안에서 해결하셨습니다. 거룩함과 공의에 대한 요구는 충족이 되었습니다. 그리스도는 "우리가 범죄한 것 때문에 내줌이 되고 또한 우리를 의롭다 하시기 위하여 살아나셨"습니다롬 4:25. 하나님은 그리스도 안에서 우리를 받아들일 준비를 하셨습니다. "우리를 위하여 저주를 받은 바" 되신갈 3:13 그분 안에서 죄에 대해 선언된 저주가 제거되었고 모두에게 소망이 생겼습니다. 죄의 결과로서 고통, 슬픔, 불행을 선고한 하나님의 율법은 충족되었습니다. 그리스도 안에서 하나님은 우리에게 용서와 죄사함을 허락하시고 저주 대신에 축복을 주십니다. 하나님 없이는 우리가 행복해질 수 없습니다. "여호와께서 말씀하시되 악인에게는 평강이 없다 하셨느니라"사 48:22. 우리가 시도해 보고 인류가 노력해 보았지만 성공하지 못했습니다. 하나님의 호의를 받는 것이 첫걸음을 떼는 것인데 영광스럽게도 그리스도 안에서 이것이 가능해졌습니다. 참으로 이것이 우리에게 제공되었습니다.

그런데 여기서 다른 질문이 제기됩니다. 왜 인간은 잘못된 관계에 빠집니까? 왜 인간은 계속해서 죄를 선택합니까? 그 답은, 인간이 하나님으로부터 멀어진 결과, 존재 전체가 왜곡되고 죄악에 빠졌기 때문입니다. 인간의 전체적인 성향이 하나님으로부터 멀어지게 된 것입니다. 본성적으로 인간은 하나님을 싫어합니다. 하나님이 자기를 대적하신다고 느낍니다. 자기가 만든 신은 자기 자신입니다. 자기 능력과 권력이고 욕구입니다. 그는 하나님이라는 생각 자체를 거부합니다. 하나님이 그에게 요구하는 계명을 거부합니다. 우리는 이미 앞에서 이것이 어떻게 드러나는지를 상세히 살펴보았습니다. 더 나아가 인간은 하나님이 금지하신 것을 좋아하고 탐냅니다. 하나님이 초청하시는 종류의 삶은 싫어합니다. 저는 지금 결코 독선적인 주장을 하는 것이 아닙니다. 이것은 사실입니다. 그래서 인간은 사실이나 증거로 뒷받침을 받지 못하는 허술한 이론은 쉽게 받아들이면서, 하나님의 존재와 종교의 초자연적 요소는 의심하고 질문하는 것입니다. 이것만이 오늘날의 삶을 이처럼 이끌고 간 도덕적 혼란과 삶의 특징을 설명할 수 있습니다. 모든 진지한 사상가들이라면 이것을 모두 사실로 받아들이고 있습니다. 그러나 그리스도인이 아닌 사람들은 누구나 이 사실을 피상적으로만 이해하고 있습니다. 따라서 이 문제에 대한 그들의 제안은 필연적으로 실패할 수밖에 없습니다. 그들은 오직 인간의 행동에만 관심을 가지고 있습니다. 사람들을 설득하여 그렇게 살지 않도록 하는 방법을 고안하려고 노력합니다. 그들은 책도 쓰고 강의도 하면서 개인과 사회 속에 죄의 결과로 나타나는 악한 결과를 지적합니다. 그들은 다른 형태의 삶을 멋지게 그려 보입니다. 그러나 이 모든 것의 핵심적인 문제, 곧 왜 인간이 이렇게 항상 잘못된 것을 추구하는가 하는 것은 무시하고 있습니다. 이것이 문제입니다. 왜 인간은 선과 악, 옳고 그름에 직면했을 때 결과를 알면서도, 잘못된 행동에 따를 고통을 알면서도 굳이 잘못된 것을 선택하는 것일까요? 평범하고 배우지 못한 사람만 그러는 것이 아닙니다. 모든 사람이 다 그렇습니다. 가장 지적이고 교양 있고 이런 문제만 평생 연구하며 살았던 사람들도 그렇습니다. 왜 그럴까요? 무엇으로 설명하시겠습니까? 만족할 만한 대답은 오직 하나입니다. 그 답은 바로 그리스도의 복음을 통해서만 얻을 수 있습니다. 바로 인간의 본성 자체가 타락했기 때문입니다. 인간은 존재의 중심에서부터 어긋나 있습니다. 그렇기에 모든 것이 어긋나 있는 것입니다. 그는 개선될 수가 없습니다. 결국 근본적인 변화, 새로운 본성을 얻기에는 부족합니다. 인간은 어둠을 사랑하고 빛을 싫어합니다. 그에게 어떤 일을 해줄 수 있을까요? 그가 스스로를 변화시킬 수 있을까요? 그가 자기의 본성을 새롭게 할 수 있겠습니까? 흑인이 피부색을 바꾸고, 표범이 점을 없앨 수 있을까요?[렘 13:23 참조] 인간이 자신의 삶의 경향을 완전히 바꿀 수 있겠습니까? 그에게 새 옷을 주고, 새로운 환경과 새 집을 주고, 가장 좋은 것과 기분 좋은 것들로 즐겁게 해주고, 교육하고, 지성을 훈련하고, 가장 고급스런 문화를 향유하게 한다고 해도 그의 욕망과 내면 깊은 곳의 삶은 변하지 않을 것입니다. 이것이 사실이 아니라면 온 세상과 각 사람은 이미 오래전에 완벽에 이르렀을 것입니다. 철학자와 사상가들의 모든 업적을 생각해 보십시오. 특히 지난 100년 동안 인간의 문제를 해결하기 위한 모든 노력과 함께 거대한 변화와 사회적 입법을 생각해 보십시오. 이 모든 것은 각각의 제한된 영역에서는 나름대로 선하고 옳은 것들입니다. 그러나 중대한 문제는 여전히 해결되지 않았습니다. 인간에게는 새로운 본성이 필요합니다. 언제쯤 그것을 가질 수 있겠습니까? 역시 여기에도 한 가지 대답밖에 없습니다. 바로 하나님의 아들이신 예수 그리스도입니다. 그분은 하늘에서 내려오셔서 인간의 본성을 그대로 입으셨습니다. 그분은 신이며 인간이셨습니다. 오직 그분 안에서만 신성과 인성이 연합되어 있었습니다. 그분은 우리에게 그분 자신의 본성을 주기 원하십니다. 그분은 우리를 새로운 사람으로 짓기 원하십니다. 그분은 "많은 형제 중에서 맏아들"이십니다^{롬 8:29}. 그분을 믿는 사람, 그분을 영접하는 사람은 누구나 이 새로운 본성을 얻게 되며 그 결과 모든 것이 달라집니다. 하나님을 미워하던 사람이 이제는 사랑하게 되고, 그분에 대해 더욱 많이 알고 싶은 욕구가 생깁니다. 그들의 가장 큰 욕구는 이제 그분을 기쁘시게 하고 그분을 공경하며 영화롭게 하는 것입니다. 이전에는 좋았던 것들을 이제는 싫어하고 혐오합니다. 하나님의 길이 그들이 사모하는 길이 되었습니다. 그들이 대단하게 여기며 항상 만족시키려 노력했던 자아를 이제 미워하게 되고 가장 큰 원수로 여기게 되었습니다. 이것은 동료들과 전적으로 새로운 관계를 맺도록 유도합니다. 하나님을 먼저 사랑하며 이웃을 자기 몸처럼 사랑하게 됩니다. 자아와 자아에 몰두하는 것은 다툼과 분쟁과 전쟁의 핵심적 원인입니다. 교만은 모든 사회적 불협화음의 뿌리입니다. 그러나 그리스도 안에서 자아는 십자가에 못 박히고 진정한 평화가 가능해집니다. 새로운 사회는 우리가 새로운 사람이 될 때에야 가능합니다. 오직 그리스도만이 새로운 사람을 만들 수 있습니다.

그러나 여전히 우리는 또 다른 큰 문제를 안고 있습니다. 죄는 우리 내면의 문제일 뿐만 아니라 우리 밖에 존재하는 강력한 힘과 작용이기도 합니다. 죄는 외부로부터 인간의 삶 속에 들어와 하나님의 아들까지도 공격했습니다. 제가 용서받은 것은 영광이고 새로운 성품을 입게 된 것은 놀랍고 더욱 좋은 일입니다. 하지만 여전히 저를 사로잡으려 하고 넘어뜨리려고 항상 노리며, 저를 속박하려는 이 끔찍한 힘을 직면해야만 합니다. 이 힘은 가장 힘세고 강력한 사람도 넘어뜨렸습니다. 이 힘은 하나님과 겨루는 것도 주저하지 않았습니다. 이 힘의 미묘함과 유혹은 사방에서 나를 노립니다. 내가 누구이기에 이런 적과 대치할 수 있습니까? 인간이 아무리 최선을 다해 보아도 이런 대적 앞에서는 어떤 존재일까요? 누가 우리를 항상 패하게 하고 파괴하려고 위협하는 이 골리앗을 정복할 수 있습니까? 누가 이 블레셋 사람의 화신으로부터 우리를 구할 수 있을까요? 누가 완벽함과 순수함을 모두 갖춘 아담을 유혹하여 치욕과 죽음으로 빠뜨린 이 원수를 정복할 수 있을까요? 인간은 할 수 없습니다. 모두가 실패했기 때문입니다. "의인은 없나니 하나도 없으며"^{롬 3:10}. "온 세상은 악한 자 안에 처한 것이며"^{요일 5:19}. 사탄은 "이 세상의 신"이 되었습니다^{고후 4:4}. 그는 "자기 집을 지켜 그 소유를 안전하게 하는 무상한 강한 자"입니다^{눅 11:21 참조}. 모두가 절망적입니까? 우리가 노력하고 노력해도 결국은 소용이 없습니까? 아닙니다! 다윗이 나타나 골리앗을 격파했습니다. 요나단이 블레셋을 격퇴했습니다. 한 사람이 입대하여 적에게 다시는 회복하지 못할 치명적인 부상을 입혔습니다.

> 오, 우리 하나님의 사랑스런 지혜여!
> 모든 것이 죄와 수치였을 때
> 둘째 아담이 싸움으로
> 우리를 구하러 오셨다네.
>
> 오, 가장 지혜로운 사랑! 육체와 혈기는
> 아담 안에서 실패했지만,
> 원수에 대항해 새 힘을 내어
> 애쓰고 승리하리라.*

하나님의 아들 나사렛 예수는 사탄을 정복하셨습니다. 가장 극

---

* 존 뉴먼(John H. Newman), 「지극히 높이 계신 거룩한 이에게 찬양」(Praise to the Holiest in the Height).

한의 시험과 유혹을 극복하신 그분은 상처 없이 통과하셨을 뿐 아니라 "세상의 임금"을 쫓아내셨습니다요 12:31. 그분은 "통치자들과 권세들을 무력화하여 드러내어 구경거리로 삼으시고 십자가로 그들을 이기셨습니다"골 2:15. 여자의 후손이 뱀의 머리를 상하게 한 것입니다. 그분은 죽음과 사망, 인간의 최대의 유익에 해가 되는 모든 권세를 정복하셨습니다. 유다 족속의 사자가 지배하게 되었습니다. 그렇습니다. 그분만을 위해서가 아니라 우리를 위해서 그렇게 하셨습니다. 그분은 그분 자신의 권능과 약속을 우리에게 주시며, 그분의 힘으로 우리에게 옷을 입히십니다. 우리가 이제는 더 이상 패배할 이유가 없습니다. 그분 안에서 우리는 우리를 대적하는 그 어떤 힘이라도 극복하고 남을 것입니다.

이것이 이 세상의 문제요, 인간의 문제요, 여러분과 저의 문제입니다. 이 문제는 복음 안에서 드러나고 복음으로 해결됩니다. 그리스도는 모든 필요를 채우실 수 있는 유일한 분이십니다. 그분은 "모든 것을 잘하신 분"입니다. 복음의 메시지는 그분과 그분이 하신 일에 대한 것입니다. 이론이 아닙니다. 복음은 효과가 있습니다. 복음은 모든 시대의 그리스도인들의 삶이 증명하는 사실입니다. 이것이 부끄럽다고요? 절대 그럴 수 없습니다! 부끄러워할 것은 도리어 따로 있습니다. 그것은 바로 우리의 어리석은 교만, 공허한 허세와 가식, 소용도 없는 계획과 아무런 결과도 내지 못하는 헛된 노력입니다. 복음이 부끄러운 것이 아닙니다! "내가 복음을 부끄러워하지 아니하노니 이 복음은 모든 믿는 자에게 구원을 주시는 하나님의 능력이 됨이라."

셋째, 바울은 복음이 **무엇보다 모든 사람, 전부, 누구에게나 효과가 있는 것이기 때문에** 자랑스러워합니다. 복음은 하나님의 구원의 방법이며 효과가 있습니다. "모든 자"라는 단어에 매우 고유한 의미가 담겨 있습니다. 우선은 유대인에게요 또한 헬라인에게도 해당됩니다. 지혜로운 자나 어리석은 자 모두를 위한 것입니다. 어떤 부류나 종류의 사람도 모두를 아우르는 이 범위에서 배제되지 않습니다. 따라서 복음은 우리가 참으로 자랑할 가치가 있는 것입니다. 다른 사람들이 자랑하는 모든 것, 그들이 영광스럽게 생각하는 것들은 모두 편파적이고 당파적으로만 호소하고 있어서 추종자들의 수가 제한적입니다. 그들은 보편성을 갖추지 못했습니다. 어떤 종교는 어떤 부류의 사람들에게만 설득력이 있습니다. 다른 종교는 또 다른 부류의 사람들에게 호소합니다. 철학은 지혜와 학식을 갖춘 사람들에게만 매력이 있지, 어린아이나 갓난아이, 가난한 사람과는 아무 상관이 없습니다. 모든 사람에게 매력이 있는 철학은 전혀 없습니다. 경쟁하는 학파가 있고, 한 사람을 만족시키면 다른 사람은 이를 거부합니다. 군사력과 권력은 강한 자와 귀족에게는 매력적이고, 율법과 정의라는 이상은 그것을 따르는 다른 추종자들이 있습니다. 민족주의는 그 나라의 국민에게만 호소력이 있습니다. 로마는 모든 나라를 자신의 주도권 아래 종속시키려는 시도를 하면서 이런 사실을 잘 알고 있었습니다. 세상은 나뉘었고 불협화음이 난무합니다. 한 사람이 영광스럽게 생각하는 것이 다른 사람에게는 혐오스러운 것입니다. 모두를 만족시킬 만한 보편적인 무언가를 만들려는 모든 노력은 전부 실패했습니다. 그렇다면 어떻게 이 다양한 주장들 중 어떤 것이라도 자랑할 수 있겠습니까?

그러나 그리스도의 복음은 전혀 다릅니다. 복음은 누구든지 어떤 사람이든지 상관없이 그들을 위해 존재합니다. 복음의 비밀은 복음이 인간에게 아무것도 요구하지 않고 오직 실패와 죄와 약함만을 기대한다는 점입니다. 다른 모든 사상들은 특정 심리 상태나 기질에만 호소력이 있고, 우리 안에 뭔가 전제하는 것이 존재해야만 합니다. 그리고 이런 것이 갖춰지지 않으면 이런 사상들은 반드시 실패합니다. 사람은 자신의 나라를 영광스러워하고 다른 나라는 그렇게 생각하지 않습니다. 뇌가 없는 사람이나 타고난 능력이 없는 사람은 진정 배우고 이해할 수 없습니다. 각종 주장이나 해결책을 나열해 보아도 모두 마찬가지입니다. 그러나 복음은 우리가 타고난 차이에 대해 관심이 없습니다. 복음은 우리 모두가 공유하는 것, 곧 하나님에 대한 죄악과 반역, 우리 삶의 실패 그리고 수치심에 주목합니다. 복음은 우리 모두를 하나님 앞에 서게 하며 모든 차별을 무너뜨립니다. 더 나아가 복음은 우리의 약함과 무력함 때문에 하나님의 능력만을 의지하게 함으로 이러한 역사를 이룹니다.

따라서 복음은 우리가 누구인지, 어떤 일을 하는지를 신경 쓰지 않습니다. 복음 앞에서 너무 고귀하거나 너무 천한 사람은 없습니다. 지혜로운 자와 어리석은 자, 위대한 자와 작은 자, 배운 자와 무식한 자, 부자와 가난한 자 등을 나누지 않습니다. 유대인과 이방인, 야만인과 스구디아인, 남성과 여성, 노예와 자유자 같은 구분이 없습니다. 하나님 눈에는 모두 길을 잃고, 절박하며, 무력하고 비참한 영혼으로 보입니다. 하나님은 모두에게 동일한 구원을 허락하십니다.

위대한 철학자와 교사 같은 사람들이 바울보다 앞서 로마를 방문했습니다. 그들은 위대한 사람과 귀족에게는 뭔가 전해 줄 것이 있었습니다. 하지만 가난한 자들에게 줄 것은 없었습니다. 바울은 보좌에 앉은 황제, 신하와 사령관, 군인과 노예, 버림받고 멸시받는 사람들까지도 포함한 모든 사람에게 복음을 전할 준비가 되어 있었습니다. 그는 모든 사람을 위한 메시지를 가지고 있었습니다. 그 메시지는 모두에게 동일했습니다. 이것이 부끄러울까요? 그럴 리가 없습니다. 복음은 우리가 자랑하고 기뻐할 만한 유일한 것입니다. 복음은 온 세상을 다룰 만큼 충분히 크고 넓으며, 모든 사람의 찬양을 받을 만한 것이기 때문입니다.

인간이 자랑하는 다양한 것들을 예수 그리스도와 그분의 복음 곁에 둔다면 얼마나 작고 하찮은지 모릅니다. 그런 것들은 일부에게만 호소력이 있습니다. 권능도 없고, 결국은 실패와 낙심으로 인도할 뿐입니다.

온갖 분열과 차별에도 불구하고, 온 세상을 포함하는 단 한 가지

메시지가 있습니다. 모든 사람들을 함께 연합하여 진정한 형제애를 갖게 하는 유일한 힘이 있습니다. 우리 각자와 온 세상이 가진 문제에 대한 유일한 해결책이 있습니다. 바로 "모든 믿는 자에게 구원을 주시는 하나님의 능력"인 복음입니다.

　　이 복음을 믿은 사람이나 복음의 진실성과 권능을 드러낸 사람은 누구든지 바울과 함께 이렇게 고백하며 노래할 것입니다. "그러나 내게는 우리 주 예수 그리스도의 십자가 외에 결코 자랑할 것이 없으니"갈 6:14. 이 합창은 이미 큰 함성이었지만 더욱 커질 것입니다. 요한이 자신의 환상 중에 이렇게 말했기 때문입니다. "내가 또 보고 들으매 보좌와 생물들과 장로들을 둘러 선 많은 천사의 음성이 있으니 그 수가 만만이요 천천이라. 큰 음성으로 이르되 죽임을 당하신 어린양은 능력과 부와 지혜와 힘과 존귀와 영광과 찬송을 받으시기에 합당하도다 하더라. 내가 또 들으니 하늘 위에와 땅 위에와 땅 아래와 바다 위에와 또 그 가운데 모든 피조물이 이르되 보좌에 앉으신 이와 어린양에게 찬송과 존귀와 영광과 권능을 세세토록 돌릴지어다"계 5:11-13. 하나님이 허락하셔서 우리 모두가 이 복된 무리 가운데 있게 되길 바랍니다. 우리가 오직 그분을 믿고, 우리를 그분께 맡기며, 지금 여기에서부터 오직 그분만을 우리의 자랑으로 여기기 시작하면, 그렇게 될 것이라 확신합니다.